해법 기초계산 C4

1 4주 완성의 계획적인 수학 학습!

2 시간 내 푸는 연습을 통한 실전 감각 향상!

3 다양한 구성의 문제로 사고력 향상!

계산력이 왜 중요한가?

선생님! 계산력이 왜 중요한가요?

수학 만점으로 가는 길은 계산력에서 시작한단다. 왜 중요한지 수학의 아버지 피타고라스 선생님에게 물어볼까?

계산력은 수학의 뿌리!
계산력 없이 수학은 생각할 수 없지.
수학은 계통성의 학문이라고 해.
역연산으로 인해 덧셈이 뺄셈의 기초가 되고,
곱셈이 확립되어야
나눗셈이 가능해지기 때문이지.
따라서 수학의 근간인 기초 계산력을
완벽하게 다져 주는 것이야말로
수학 만점으로 가는 첫걸음이지.

구성과 특징

개념 만화

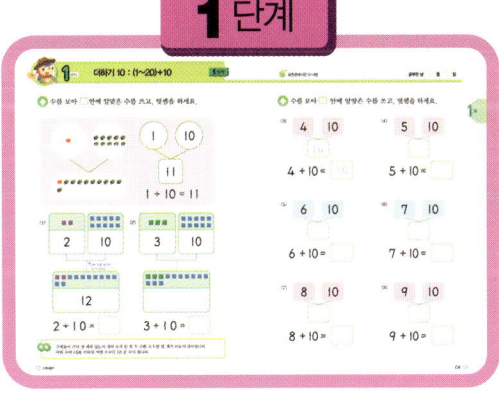

만화를 통한 원리 깨치기

만화를 통한 계산 원리와 개념을
이해할 수 있습니다.

1단계

집중 연습으로 계산력 다지기

집중 연습 문제로 기초 계산력을
완벽하게 다질 수 있습니다.

2단계

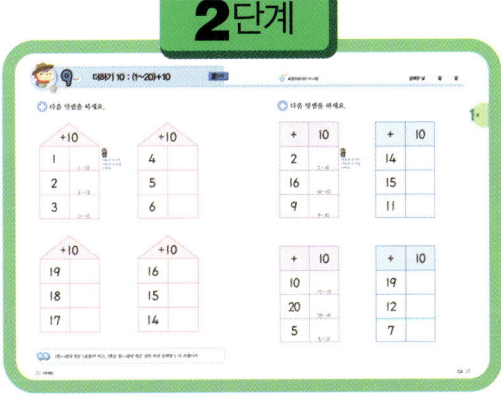

퍼즐형 문제로 정확성 기르기

흥미로운 퍼즐형 문제로 이루어져
집중력과 정확성까지 기를 수 있습니다.

3단계

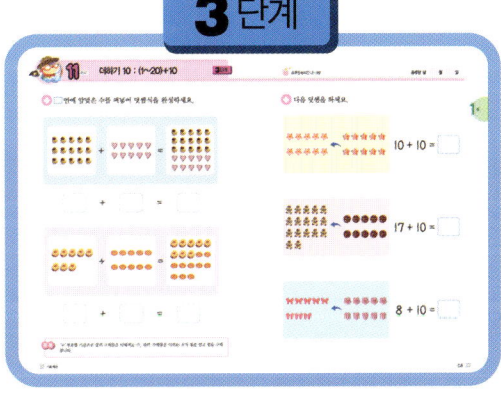

다양한 문제로 사고력 키우기

다양한 문제를 통해 수학적 사고력과
문제 해결력을 높일 수 있습니다.

내용 구성표

권	주	A단계 (5~7세)	B단계 (5~7세)	C단계 (5~7세)
1권	1	일대일 대응, 많다·적다	더하기 3 : (1~7)+3	빼기 5 : (1~20)−5
	2	1~5 수 익히기	더하기 3 : (1~17)+3	빼기 6 : (1~20)−6
	3	1~5 수 익히기	더하기 3 : (1~27)+3	빼기 4, 5, 6의 종합
	4	0, 6~10 수 익히기	더하기 1, 2, 3의 종합	더하기·빼기의 종합 ①
2권	1	0, 6~10 수 익히기	빼기 1 : (1~10)−1	더하기·빼기의 종합 ②
	2	1~10 종합	빼기 1 : (1~20)−1	더하기 7 : (1~9)+7
	3	수 가르기와 수 모으기(1, 2, 3, 4, 5)	빼기 2 : (1~10)−2	더하기 7 : (1~19)+7
	4	수 가르기와 수 모으기(6, 7, 8, 9, 10)	빼기 2 : (1~20)−2	더하기 7 : (1~23)+7
3권	1	11~20 수 익히기	빼기 3 : (1~10)−3	더하기 8 : (1~9)+8
	2	11~20 수 익히기	빼기 3 : (1~20)−3	더하기 8 : (1~22)+8
	3	1~20 종합	빼기 1, 2, 3의 종합	더하기 9 : (1~9)+9
	4	21~30 수 익히기	더하기·빼기의 관계 ①	더하기 9 : (1~21)+9
4권	1	31~40 수 익히기	더하기·빼기의 관계 ②	더하기 10 : (1~20)+10
	2	41~50 수 익히기	더하기 4 : (1~6)+4	더하기 7, 8, 9, 10의 종합
	3	1~50 종합	더하기 4 : (1~16)+4	더하기 1~10의 종합
	4	51~70 수 익히기	더하기 4 : (1~26)+4	빼기 7 : (1~20)−7
5권	1	71~100 수 익히기	더하기 5 : (1~9)+5	빼기 8 : (1~20)−8
	2	1~100 종합	더하기 5 : (1~15)+5	빼기 9 : (1~20)−9
	3	더하기 1 : (1~9)+1	더하기 5 : (1~25)+5	빼기 10 : (1~20)−10
	4	더하기 1 : (1~19)+1	더하기 6 : (1~9)+6	빼기 7, 8, 9, 10의 종합
6권	1	더하기 1 : (1~29)+1	더하기 6 : (1~14)+6	빼기 1~10의 종합
	2	더하기 2 : (1~8)+2	더하기 6 : (1~24)+6	더하기·빼기의 종합 ③
	3	더하기 2 : (1~18)+2	더하기 4, 5, 6의 종합	더하기·빼기의 종합 ④
	4	더하기 2 : (1~28)+2	빼기 4 : (1~20)−4	재미있는 더하기·빼기의 규칙

권	주	D단계 (초1)	E단계 (초2)	F단계 (초3)	G단계 (초4)
1권	1	더하기 1, 2, 3	받아올림이 있는 (두 자리 수)+(한 자리 수)	(세 자리 수)+(세 자리 수) ①	100, 1000, 10000, 몇백, 몇천 십하기
	2	합이 5까지인 덧셈	받아내림이 있는 (두 자리 수)-(한 자리 수)	(세 자리 수)+(세 자리 수) ②	(세 자리 수)×(두 자리 수)
	3	합이 9까지인 덧셈	세 수의 덧셈	(세 자리 수)-(세 자리 수) ①	(네 자리 수)×(두 자리 수)
	4	받아올림이 없는 (한 자리 수)+(한 자리 수)	세 수의 뺄셈	(세 자리 수)-(세 자리 수) ②	(세 자리 수)×(세 자리 수)
2권	1	빼기 1, 2, 3	일의 자리에서 받아올림이 있는 (두 자리 수)+(두 자리 수)	2, 3, 4, 5의 단 곱셈구구를 이용한 나눗셈	(세 자리 수)÷(한 자리 수)
	2	5까지의 뺄셈	십의 자리에서 받아올림이 있는 (두 자리 수)+(두 자리 수)	6, 7, 8, 9의 단 곱셈구구를 이용한 나눗셈	(두·세 자리 수)÷(몇십)
	3	9까지의 뺄셈	일, 십의 자리에서 받아올림이 있는 (두 자리 수)+(두 자리 수)	곱셈구구를 이용한 나눗셈 ①	(두·세 자리 수)÷(두 자리 수)
	4	(한 자리 수)-(한 자리 수)	받아올림이 있는 (두 자리 수)+(두 자리 수)	곱셈구구를 이용한 나눗셈 ②	(세·네 자리 수)÷(두 자리 수)
3권	1	10이 되는 더하기	받아내림이 있는 (두 자리 수)-(두 자리 수) ①	(두 자리 수)×(한 자리 수) ①	덧셈과 뺄셈의 혼합 계산
	2	10에서 빼기	받아내림이 있는 (두 자리 수)-(두 자리 수) ②	(두 자리 수)×(한 자리 수) ②	곱셈과 나눗셈의 혼합 계산
	3	세 수의 계산 ①	세 수의 계산 ①	(두 자리 수)×(한 자리 수) ③	혼합 계산 1
	4	세 수의 계산 ②	세 수의 계산 ②	(두 자리 수)×(한 자리 수) ④	혼합 계산 2
4권	1	받아올림이 없는 (두 자리 수)+(한 자리 수)	2, 3, 4, 5의 단 곱셈구구	(네 자리 수)+(세 자리 수)	분수의 이해 1
	2	받아올림이 없는 (두 자리 수)+(두 자리 수)	6, 7, 8, 9의 단 곱셈구구	(네 자리 수)+(네 자리 수)	분수의 이해 2
	3	받아내림이 없는 (두 자리 수)-(한 자리 수)	곱셈구구 ①	(네 자리 수)-(세 자리 수)	분수의 이해 3
	4	받아내림이 없는 (두 자리 수)-(두 자리 수)	곱셈구구 ②	(네 자리 수)-(네 자리 수)	분수의 덧셈
5권	1	두 수의 합이 10이 되는 세 수의 덧셈	받아올림이 없는 (세 자리 수)+(세 자리 수)	(세 자리 수)×(한 자리 수)	분수의 덧셈
	2	(한 자리 수)+(한 자리 수) ①	일의 자리에서 받아올림이 있는 (세 자리 수)+(세 자리 수)	(한 자리 수)×(두 자리 수)	분수의 뺄셈 1
	3	(한 자리 수)+(한 자리 수) ②	십의 자리에서 받아올림이 있는 (세 자리 수)+(세 자리 수)	(두 자리 수)×(두 자리 수) ①	분수의 뺄셈 2
	4	(한 자리 수)+(한 자리 수)의 종합	일, 십의 자리에서 받아올림이 있는 (세 자리 수)+(세 자리 수)	(두 자리 수)×(두 자리 수) ②	세 분수의 덧셈과 뺄셈
6권	1	(십 몇)-(한 자리 수) ①	받아내림이 없는 (세 자리 수)-(세 자리 수)	(두 자리 수)÷(한 자리 수) ①	소수 한 자리 수의 덧셈
	2	(십 몇)-(한 자리 수) ②	십의 자리에서 받아내림이 있는 (세 자리 수)-(세 자리 수)	(두 자리 수)÷(한 자리 수) ②	소수 두·세 자리 수의 덧셈
	3	세 수의 덧셈	백의 자리에서 받아내림이 있는 (세 자리 수)-(세 자리 수)	(두 자리 수)÷(한 자리 수) ③	소수 한 자리 수의 뺄셈
	4	세 수의 뺄셈	십, 백의 자리에서 받아내림이 있는 (세 자리 수)-(세 자리 수)	(두 자리 수)÷(한 자리 수) ④	소수 두·세 자리 수의 뺄셈

Q&A 활용 가이드

Q

아이 수준을 몰라서
어느 단계의 교재를
선택하면 될지 모르겠어요.

A

한 페이지에서
틀린 문제가 6문제 이상이면
이전 단계의
교재부터 시작하세요.

Q

계산 실수를 자주 해요.

A

정해진 시간 안에 푸는
연습으로 실전 감각을
키우세요.

Q

시험 시간이 부족해요.

A

매일매일 공부하는
습관으로
정확성을 키우세요.

Q

공부 계획을
스스로 세우기 힘들어요.

A

스케줄표를 이용해
계획을 세워
2주, 4주 완성에 도전하세요.

4주 완성 스케줄표

활용 방법 매일 2장(2차시)씩 풀면 24일 만에 완성할 수 있습니다.

1주	1일	2일	3일	4일	5일	6일
확인	12~15쪽	16~19쪽	20~23쪽	24~27쪽	28~31쪽	32~35쪽

2주	7일	8일	9일	10일	11일	12일
확인	40~43쪽	44~47쪽	48~51쪽	52~55쪽	56~59쪽	60~63쪽

3주	13일	14일	15일	16일	17일	18일
확인	68~71쪽	72~75쪽	76~79쪽	80~83쪽	84~87쪽	88~91쪽

4주	19일	20일	21일	22일	23일	24일
확인	96~99쪽	100~103쪽	104~107쪽	108~111쪽	112~115쪽	116~119쪽

※ 매일 4장(4차시)씩 풀면 12일 만에 완성할 수 있습니다.

 **1주**

더하기 10 : (1~20)+10

차시	단계	공부한 날	잘 했나요?
1차시		월 일	😊 🙂 😑 😣
2차시		월 일	😊 🙂 😑 😣
3차시		월 일	😊 🙂 😑 😣
4차시	1단계	월 일	😊 🙂 😑 😣
5차시		월 일	😊 🙂 😑 😣
6차시		월 일	😊 🙂 😑 😣
7차시		월 일	😊 🙂 😑 😣
8차시		월 일	😊 🙂 😑 😣
9차시	2단계	월 일	😊 🙂 😑 😣
10차시		월 일	😊 🙂 😑 😣
11차시	3단계	월 일	😊 🙂 😑 😣
12차시		월 일	😊 🙂 😑 😣

틀린 개수가

0~1개이면 😊 (아주 잘함)에, 2~3개이면 🙂 (잘함)에,

4~5개이면 😑 (보통)에, 6개 이상이면 😣 (노력 바람)에 색칠해 주세요.

만화로 개념 알아보기

학습목표 자릿값을 이해하고 자릿수에 맞춰 덧셈을 하며 더하기 10을 능숙하게 계산할 수 있습니다.

1주

살려
주세요!

헉!

내가
금방
꺼내주마!

영~차!

정말
고맙습니다!

제가 보답으로
소원을 들어드릴게요.

우리 가족은
10명인데
사과가 2개밖에
없구나.

사과 10개 나와라. 뚝딱!

$2 + 10 = 12$

사과 2개에 10개를 더하면 2+10=12니까 사과 12개가 되었구나.

10개를 더 드릴게요!

도깨비를 구해주고 선물을 받았다오.

그랬단 말이지……

12+10=22니까 사과가 22개가 되었구나! 온 가족이 배불리 먹겠네. 고맙다. 도깨비야!

바보같은 녀석, 금덩이를 달라고 했어야지!

➕ 수를 모아 □ 안에 알맞은 수를 쓰고, 덧셈을 하세요.

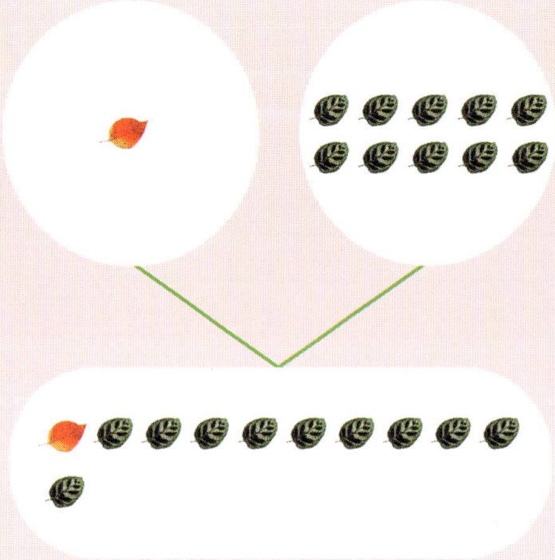

1   10

11

1 + 10 = 11

(1)   2   10

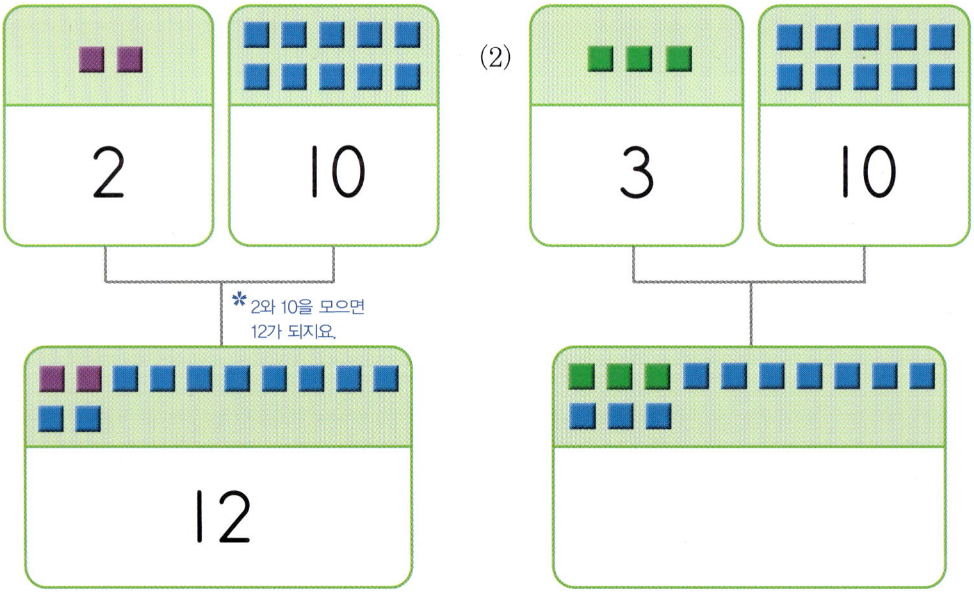

*2와 10을 모으면 12가 되지요.

12

2 + 10 = ☐

(2)   3   10

3 + 10 = ☐

 꼭꼭 구체물이 각각 몇 개씩 있는지 세어 보게 한 후 두 수를 모으면 몇 개가 되는지 알아봅니다.
어떤 수에 10을 더하면 어떤 수보다 10 큰 수가 됩니다.

➕ 수를 모아 ☐ 안에 알맞은 수를 쓰고, 덧셈을 하세요.

(3)
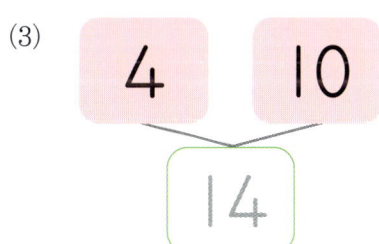

$4 + 10 = $ ☐ 14

(4)
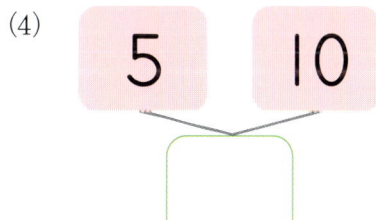

$5 + 10 = $ ☐

(5)
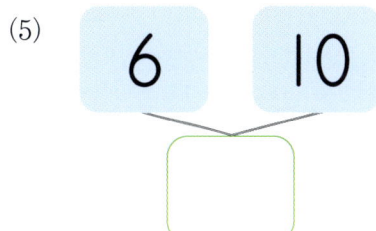

$6 + 10 = $ ☐

(6)

$7 + 10 = $ ☐

(7)
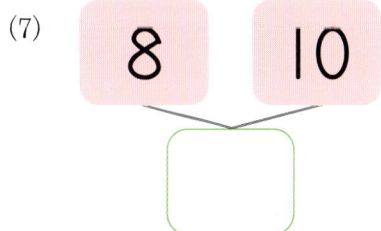

$8 + 10 = $ ☐

(8)
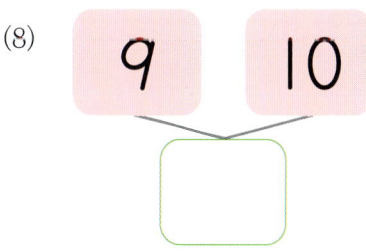

$9 + 10 = $ ☐

○ 다음 덧셈을 하세요.

* 10과 10을 더하면 20이 돼요.
10+10=20이라고 쓰고,
'십 더하기 십은 이십과 같습니다.'
라고 읽어요.

(1)
$$10 + 10 = \boxed{}$$
십   더하기   십   은

(2)
$$11 + 10 = \boxed{}$$
십일   더하기   십   은

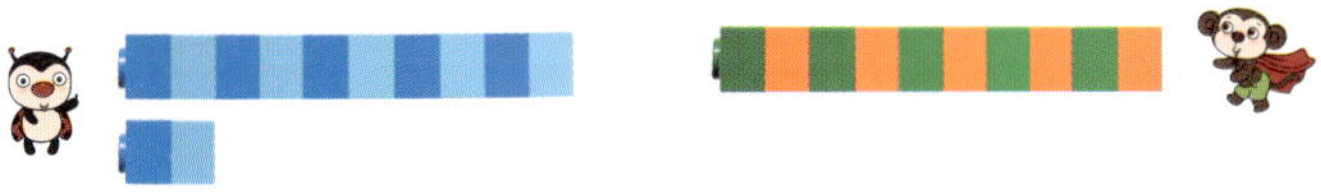

(3)
$$12 + 10 = \boxed{}$$
십이   더하기   십   은

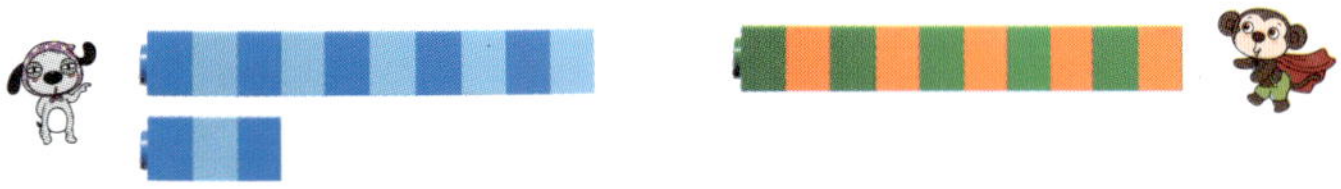

(4)
$$13 + 10 = \boxed{}$$
십삼   더하기   십   은

(5)
$$14 + 10 = \boxed{}$$
십사   더하기   십   은

 꼭꼭   (몇십 몇)+10의 계산은 일의 자리 숫자는 그대로 쓰고 십의 자리 숫자만 1 더 커집니다.

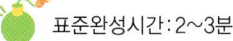

다음 덧셈을 하세요.

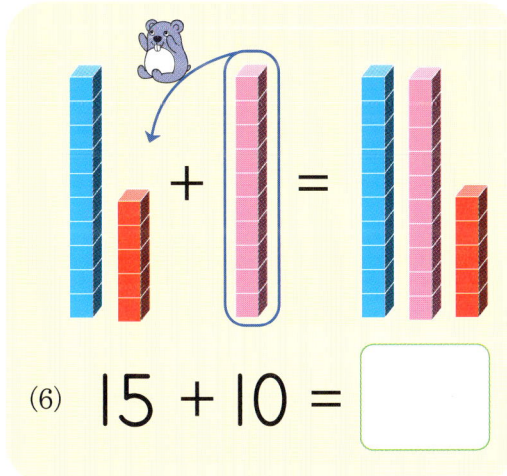

(6)　15 + 10 =

(7)　16 + 10 =

(8)　17 + 10 =

(9)　18 + 10 =

(10)　19 + 10 =

(11)　20 + 10 =

(12)　11 + 10 =

(13)　12 + 10 =

(14)　13 + 10 =

(15)　14 + 10 =

(16)　10 + 10 =

(17)　7 + 10 =

(18)　9 + 10 =

(19)　8 + 10 =

✚ 다음 덧셈을 하세요.

(1)　3 + 10 = ☐

13 + 10 = ☐

(2)　4 + 10 = ☐

14 + 10 = ☐

(3)　5 + 10 = ☐

15 + 10 = ☐

(4)　6 + 10 = ☐

16 + 10 = ☐

(5)　7 + 10 = ☐

17 + 10 = ☐

(6)　8 + 10 = ☐

18 + 10 = ☐

(7)　9 + 10 = ☐

19 + 10 = ☐

1주

다음 덧셈을 하세요.

(8)　　$1 + 10 = \boxed{}$

　　　$11 + 10 = \boxed{}$

(9)　　$2 + 10 = \boxed{}$

　　　$12 + 10 = \boxed{}$

(10)　　$4 + 10 = \boxed{}$

　　　$14 + 10 = \boxed{}$

(11)　　$7 + 10 = \boxed{}$

　　　$17 + 10 = \boxed{}$

(12)　　$5 + 10 = \boxed{}$

　　　$15 + 10 = \boxed{}$

(13)　　$8 + 10 = \boxed{}$

　　　$18 + 10 = \boxed{}$

(14)　　$3 + 10 = \boxed{}$

　　　$13 + 10 = \boxed{}$

(15)　　$6 + 10 = \boxed{}$

　　　$16 + 10 = \boxed{}$

 꼭꼭　어떤 수에 10을 더할 때 어떤 수가 10 커지면 그 합도 10 커집니다.

 다음 덧셈을 하세요.

(1) $19 + 10 =$

(2) $2 + 10 =$

(3) $15 + 10 =$

(4) $7 + 10 =$

(5) $13 + 10 =$

(6) $14 + 10 =$

(7) $8 + 10 =$

(8) $16 + 10 =$

(9) $11 + 10 =$

(10) $10 + 10 =$

(11) $12 + 10 =$

(12) $17 + 10 =$

(13) $4 + 10 =$

(14) $1 + 10 =$

(15) $20 + 10 =$

(16) $18 + 10 =$

 다음 덧셈을 하세요.

1주

(17) $1 + 10 =$ ☐

(18) $12 + 10 =$ ☐

(19) $14 + 10 =$ ☐

(20) $3 + 10 =$ ☐

(21) $17 + 10 =$ ☐

(22) $16 + 10 =$ ☐

(23) $19 + 10 =$ ☐

(24) $10 + 10 =$ ☐

(25) $20 + 10 =$ ☐

(26) $18 + 10 =$ ☐

(27) $11 + 10 =$ ☐

(28) $15 + 10 =$ ☐

(29) $7 + 10 =$ ☐

(30) $9 + 10 =$ ☐

(31) $13 + 10 =$ ☐

(32) $5 + 10 =$ ☐

❂ 다음 덧셈을 하세요.

(1) 11 + 9 = ☐

　　　　I 커져요.
　11 + 10 = ☐

(2) 12 + 9 = ☐

　　　　I 커져요.
　12 + 10 = ☐

(3) 13 + 9 = ☐

　13 + 10 = ☐

(4) 14 + 9 = ☐

　14 + 10 = ☐

(5) 15 + 9 = ☐

　15 + 10 = ☐

(6) 16 + 9 = ☐

　16 + 10 = ☐

(7) 17 + 9 = ☐

　17 + 10 = ☐

(8) 18 + 9 = ☐

　18 + 10 = ☐

 꼭꼭　같은 수에 더하는 수가 I 커지면 그 합도 I 커집니다.

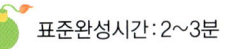
1주

다음 덧셈을 하세요.

(9)　$1 + 1 = \boxed{}$

　　$10 + 10 = \boxed{}$

(10)　$2 + 1 = \boxed{}$

　　$20 + 10 = \boxed{}$

(11)　$3 + 1 = \boxed{}$

　　$30 + 10 = \boxed{40}$

(12)　$4 + 1 = \boxed{}$

　　$40 + 10 = \boxed{50}$

 꼭꼭　(몇십)+(몇십)은 십의 자리에 (몇)+(몇)의 합을 쓰고 일의 자리에 0을 한 개 붙여 줍니다.

🍀 다음 덧셈을 하세요.

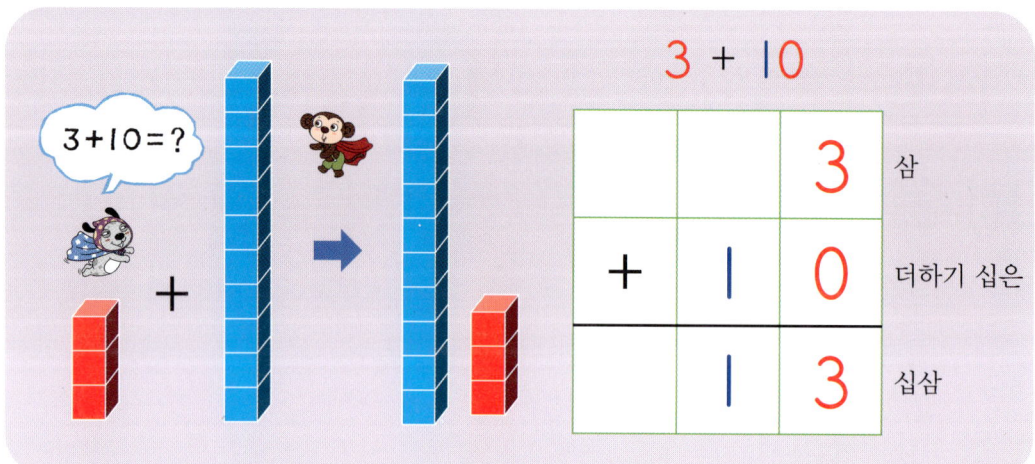

3 + 10

		3	삼
+	I	**0**	더하기 십은
	I	**3**	십삼

(1) 4 + 10

		4
+	I	0

(2) 5 + 10

		5
+	I	0

(3) 6 + 10

		6
+	I	0

(4) 7 + 10

		7
+	I	0

(5) 8 + 10

		8
+	I	0

(6) 9 + 10

		9
+	I	0

🍀 다음 덧셈을 하세요.

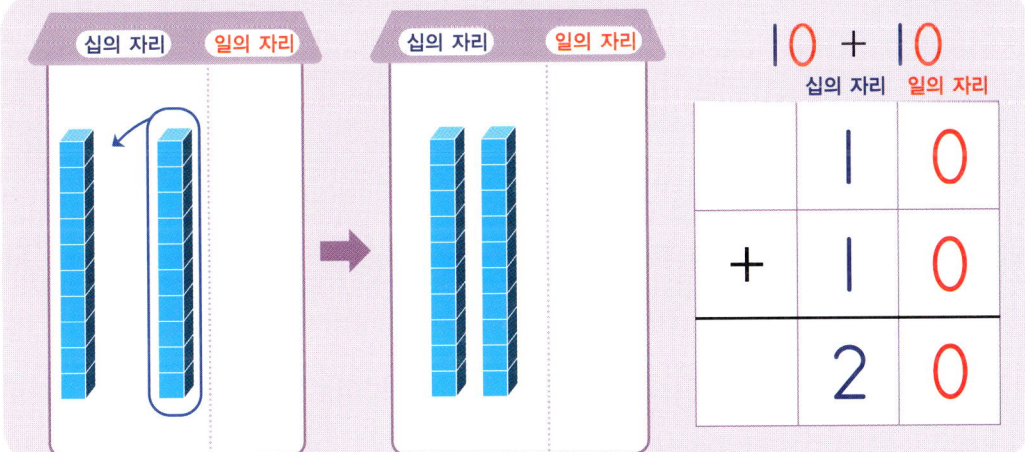

(7) 11 + 10

	1	1
+	1	0

(8) 12 + 10

	1	2
+	1	0

(9) 13 + 10

	1	3
+	1	0

(10) 14 + 10

	1	4
+	1	0

(11) 15 + 10

	1	5
+	1	0

(12) 16 + 10

	1	6
+	1	0

7차시   더하기 10 : (1~20)+10   1단계

 다음 덧셈을 하세요.

(1)

	1	2
+	1	0

(2)

	1	7
+	1	0

(3)

	1	5
+	1	0

(4)

	1	1
+	1	0

(5)

	1	9
+	1	0

(6)

		9
+	1	0

(7)

	1	0
+	1	0

(8)

	1	8
+	1	0

(9)

		5
+	1	0

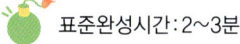
 다음 덧셈을 하세요.

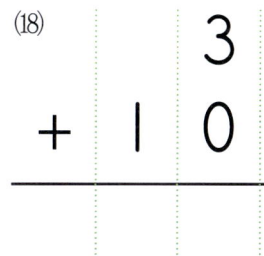

(10)
```
   1 1
+  1 0
-------
```

(11)
```
     9
+  1 0
-------
```

(12)
```
   2 0
+  1 0
-------
```

(13)
```
   1 7
+  1 0
-------
```

(14)
```
   1 5
+  1 0
-------
```

(15)
```
   1 3
+  1 0
-------
```

(16)
```
   1 2
+  1 0
-------
```

(17)
```
     7
+  1 0
-------
```

(18)
```
     3
+  1 0
-------
```

(19)
```
     5
+  1 0
-------
```

(20)
```
     8
+  1 0
-------
```

(21)
```
   1 4
+  1 0
-------
```

  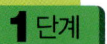

 다음 덧셈을 하세요.

(1)

	1	0
+	1	0

(2)

	2	0
+	1	0

(3)

	3	0
+	1	0
	4	0

(4)

	4	0
+	1	0
	5	0

(5)

	5	0
+	1	0
	6	0

(6)

	6	0
+	1	0
	7	0

(7)

	7	0
+	1	0
	8	0

(8)

	8	0
+	1	0
	9	0

(9)

		9	0
+		1	0
	1	0	0

 (몇십)+(몇십)을 세로셈으로 계산할 때에는 일의 자리에는 0을 내려 쓰고, 십의 자리에는 (몇)과 (몇)의 합을 구하여 답을 씁니다.

🍀 다음 덧셈을 하세요.

(10)

	3	0
+	1	0

(11)

	5	0
+	1	0

(12)

	6	0
+	1	0

(13)

	9	0
+	1	0

(14)

	1	0
+	1	0

(15)

	7	0
+	1	0

(16)

	4	0
+	1	0

(17)

	2	0
+	1	0

(18)

	8	0
+	1	0

➕ 다음 덧셈을 하세요.

+10

1	
2	1+10
3	2+10
	3+10

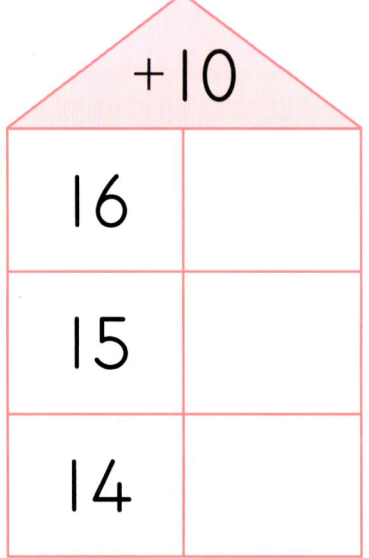 세로의 수 1에 가로의 수 10을 더해요.

+10

4	
5	
6	

+10

19	
18	
17	

+10

16	
15	
14	

꼭꼭 (몇)+10의 합은 (십몇)이 되고, (몇십 몇)+10의 합은 십의 자리 숫자만 1 더 커집니다.

1주

다음 덧셈을 하세요.

+	10
2	2+10
16	16+10
9	9+10

세로의 수 2에
가로의 수 10을
더해요.

+	10
14	
15	
11	

+	10
10	10+10
20	20+10
5	5+10

+	10
19	
12	
7	

 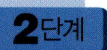

🌼 다음 덧셈을 하세요.

+	16	11	17	4	3	19
10	16+10	11+10	17+10	4+10	3+10	19+10

 가로의 수 16에
세로의 수 10을
더해요.

+	8	7	2	15	12	5
10						

+	13	1	6	20	14	10
10						

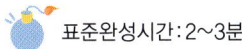
➕ 다음 덧셈을 하세요.

1주

+	11	8	3	12	14	6
10	11+10	8+10	3+10	12+10	14+10	6+10

+	4	17	10	5	16	13
10						

+	7	19	15	20	9	18
10						

➕ □안에 알맞은 수를 써넣어 덧셈식을 완성하세요.

□ + □ = □

□ + □ = □

다음 덧셈을 하세요.

$$10 + 10 = \boxed{}$$

$$17 + 10 = \boxed{}$$

$$8 + 10 = \boxed{}$$

➕ □안에 알맞은 수를 써넣어 덧셈식을 완성하세요.

$12 +$ ☐ $= 22$

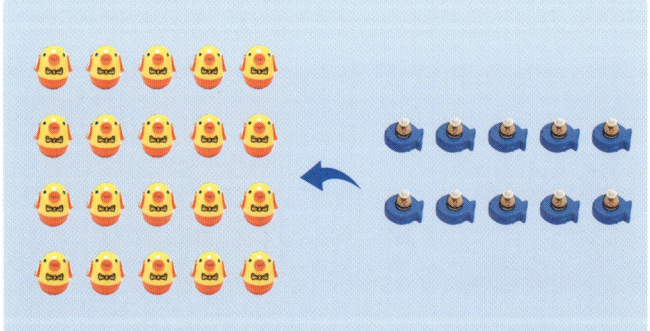

$17 +$ ☐ $= 27$

$20 +$ ☐ $= 30$

 뒤에 있는 구체물의 수가 더하는 수가 됩니다.

덧셈을 하고, 계산 결과가 가장 큰 덧셈에 ○ 하세요.

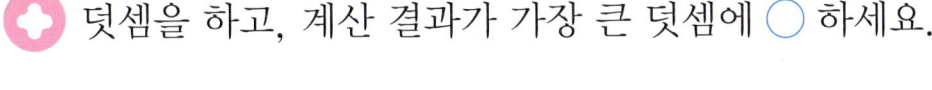

1주

7 + 10　　6 + 10　　8 + 10

11 + 10　　10 + 10　　9 + 10

17 + 10　　19 + 10　　18 + 10

더하기 7, 8, 9, 10의 종합

학습 체크표 매일 학습이 끝나면 채점을 하고 체크표를 작성하여 나의 실력을 알아보세요.

차시	단계	공부한 날	잘 했나요?
13차시	1단계	월 일	😊 🙂 😑 😣
14차시		월 일	😊 🙂 😑 😣
15차시		월 일	😊 🙂 😑 😣
16차시		월 일	😊 🙂 😑 😣
17차시		월 일	😊 🙂 😑 😣
18차시		월 일	😊 🙂 😑 😣
19차시		월 일	😊 🙂 😑 😣
20차시		월 일	😊 🙂 😑 😣
21차시	2단계	월 일	😊 🙂 😑 😣
22차시		월 일	😊 🙂 😑 😣
23차시	3단계	월 일	😊 🙂 😑 😣
24차시		월 일	😊 🙂 😑 😣

틀린 개수가

0~1개이면 😊 (아주 잘함)에, 2~3개이면 🙂 (잘함)에,

4~5개이면 😑 (보통)에, 6개 이상이면 😣 (노력 바람)에 색칠해 주세요.

만화로 개념 알아보기

학습목표 덧셈에 대한 계산 원리 이해를 바탕으로 수 블록을 조작하지 않고도 더하기 7, 8, 9, 10의 계산을 능숙하게 할 수 있습니다.

 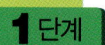

✚ 다음 덧셈을 하세요.

(1) $3 + 7 = \boxed{}$

$13 + 7 = \boxed{}$

$23 + 7 = \boxed{}$

(2) $2 + 7 = \boxed{}$

$12 + 7 = \boxed{}$

$22 + 7 = \boxed{}$

(3) $1 + 8 = \boxed{}$

$11 + 8 = \boxed{}$

$21 + 8 = \boxed{}$

(4) $7 + 9 = \boxed{}$

$17 + 9 = \boxed{}$

(5) $8 + 10 = \boxed{}$

$18 + 10 = \boxed{}$

 꼭꼭 더해지는 수가 10 커지면 그 합도 10 커집니다.

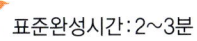
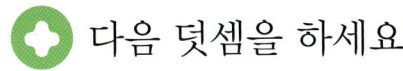 다음 덧셈을 하세요.

(6) $11 + 7 =$ ☐

$21 + 7 =$ ☐

(7) $12 + 8 =$ ☐

$22 + 8 =$ ☐

(8) $9 + 9 =$ ☐

$19 + 9 =$ ☐

(9) $5 + 10 =$ ☐

$15 + 10 =$ ☐

(10) $10 + 10 =$ ☐

$20 + 10 =$ ☐

(11) $4 + 9 =$ ☐

$14 + 9 =$ ☐

(12) $6 + 8 =$ ☐

$16 + 8 =$ ☐

(13) $7 + 7 =$ ☐

$17 + 7 =$ ☐

🔵 다음 덧셈을 하세요.

(1) 3 + 7 = ⬜

(2) 6 + 7 = ⬜

1이 커져요.

3 + 8 = ⬜

6 + 8 = ⬜

1이 커져요.

3 + 9 = ⬜

6 + 9 = ⬜

1이 커져요.

3 + 10 = ⬜

6 + 10 = ⬜

(3) 9 + 7 = ⬜

(4) 10 + 7 = ⬜

9 + 8 = ⬜

10 + 8 = ⬜

9 + 9 = ⬜

10 + 9 = ⬜

9 + 10 = ⬜

10 + 10 = ⬜

꼭꼭 어떤 수에 더하는 수가 1씩 커지면 그 합도 1씩 커집니다.

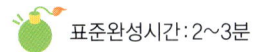 다음 덧셈을 하세요.

(5) $14 + 7 = \boxed{}$

$14 + 8 = \boxed{}$

$14 + 9 = \boxed{}$

$14 + 10 = \boxed{}$

(6) $17 + 7 = \boxed{}$

$17 + 8 = \boxed{}$

$17 + 9 = \boxed{}$

$17 + 10 = \boxed{}$

(7) $18 + 7 = \boxed{}$

$18 + 8 = \boxed{}$

$18 + 9 = \boxed{}$

$18 + 10 = \boxed{}$

(8) $20 + 7 = \boxed{}$

$20 + 8 = \boxed{}$

$20 + 9 = \boxed{}$

$20 + 10 = \boxed{}$

2주

💠 다음 덧셈을 하세요.

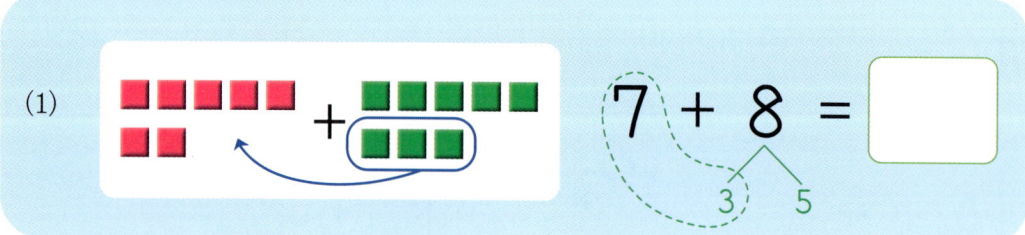

(1) $7 + 8 = \boxed{}$
      3   5

(2) $6 + 7 = \boxed{}$
         4   3

(3) $2 + 8 = \boxed{}$

(4) $1 + 9 = \boxed{}$

(5) $4 + 10 = \boxed{}$

(6) $3 + 7 = \boxed{}$

(7) $5 + 8 = \boxed{}$
         5   3

(8) $7 + 10 = \boxed{}$

(9) $3 + 9 = \boxed{}$
         7   2

(10) $4 + 8 = \boxed{}$
         6   2

(11) $5 + 7 = \boxed{}$
         5   2

(12) $2 + 9 = \boxed{}$
         8   1

(13) $6 + 10 = \boxed{}$

🍀 꼭꼭 더하는 수가 더해지는 수와 합했을 때 10이 되도록 두 수로 가릅니다.

🍀 다음 덧셈을 하세요.

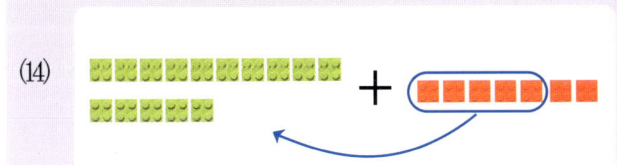

(14) 15 + 7 = ☐

         7
        / \
       5   2

2주

(15) 9 + 7 = ☐   (16) 12 + 10 = ☐

(17) 11 + 9 = ☐   (18) 13 + 8 = ☐

(19) 8 + 8 = ☐   (20) 9 + 9 = ☐

(21) 7 + 10 = ☐   (22) 12 + 7 = ☐

(23) 10 + 8 = ☐   (24) 14 + 9 = ☐

(25) 15 + 10 = ☐   (26) 9 + 8 = ☐

(27) 13 + 7 = ☐   (28) 11 + 10 = ☐

➕ 다음 덧셈을 하세요.

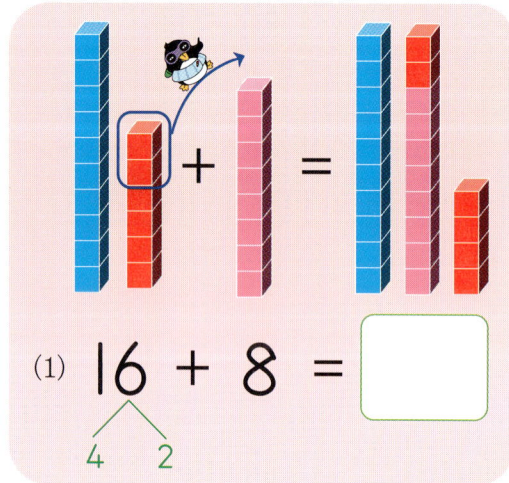

(1) $16 + 8 = \boxed{}$
$\underset{4 \quad 2}{\diagdown}$

(2) $18 + 8 = \boxed{}$
$\underset{6 \quad 2}{\diagdown}$

(3) $17 + 9 = \boxed{}$
$\underset{6 \quad 1}{\diagdown}$

(4) $19 + 7 = \boxed{}$
$\underset{6 \quad 3}{\diagdown}$

(5) $16 + 10 = \boxed{}$

(6) $20 + 10 = \boxed{}$

(7) $18 + 9 = \boxed{}$
$\underset{7 \quad 1}{\diagdown}$

(8) $22 + 7 = \boxed{}$

(9) $19 + 8 = \boxed{}$
$\underset{7 \quad 2}{\diagdown}$

(10) $21 + 9 = \boxed{}$

(11) $15 + 10 = \boxed{}$

(12) $18 + 7 = \boxed{}$
$\underset{5 \quad 3}{\diagdown}$

(13) $22 + 8 = \boxed{}$

(14) $17 + 10 = \boxed{}$

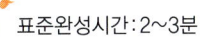

➕ 다음 덧셈을 하세요.

(15) 1 + 7 = ☐

(16) 3 + 8 = ☐

(17) 15 + 9 = ☐

(18) 10 + 10 = ☐

(19) 14 + 7 = ☐

(20) 18 + 9 = ☐

(21) 20 + 10 = ☐

(22) 16 + 8 = ☐

(23) 5 + 7 = ☐

(24) 13 + 10 = ☐

(25) 21 + 9 = ☐

(26) 6 + 8 = ☐

(27) 9 + 8 = ☐

(28) 8 + 10 = ☐

(29) 17 + 7 = ☐

(30) 19 + 9 = ☐

 더해지는 수를 두 수로 갈라 덧셈을 하는 방법을 연습해 봅니다.

 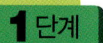

 다음 덧셈을 하세요.

(1) $14 + 7 = \boxed{}$　　(2) $11 + 10 = \boxed{}$

(3) $19 + 8 = \boxed{}$　　(4) $12 + 9 = \boxed{}$

(5) $5 + 8 = \boxed{}$　　(6) $15 + 7 = \boxed{}$

(7) $8 + 9 = \boxed{}$　　(8) $4 + 10 = \boxed{}$

(9) $20 + 7 = \boxed{}$　　(10) $13 + 8 = \boxed{}$

(11) $16 + 10 = \boxed{}$　　(12) $1 + 9 = \boxed{}$

(13) $4 + 8 = \boxed{}$　　(14) $7 + 7 = \boxed{}$

(15) $17 + 9 = \boxed{}$　　(16) $19 + 10 = \boxed{}$

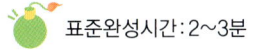
 다음 덧셈을 하세요.

(17) 9 + 10 =

(18) 19 + 9 =

(19) 15 + 8 =

(20) 13 + 7 =

(21) 21 + 7 =

(22) 1 + 8 =

(23) 6 + 9 =

(24) 7 + 10 =

(25) 4 + 7 =

(26) 16 + 9 =

(27) 15 + 8 =

(28) 12 + 10 =

(29) 14 + 9 =

(30) 19 + 10 =

(31) 8 + 7 =

(32) 14 + 8 =

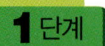

➕ 다음 덧셈을 하세요.

십의 자리	일의 자리

십의 자리	일의 자리

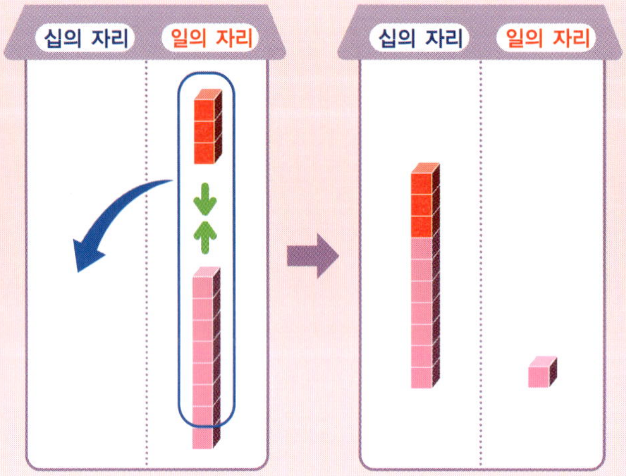

$3 + 8$

십의 자리 일의 자리

	3
+	8
1	1

(1)
	5
+	7

(2)
	6
+	8

(3)
	4
+	9

(4)
	2
+	9

(5)
	1
+	7

(6)
	7
+	8

꼭꼭 블록을 이용하여 수를 가르며 받아올림이 있는 덧셈을 해 보고, 익숙해지면 세로셈으로 계산을 해 봅니다.

다음 덧셈을 하세요.

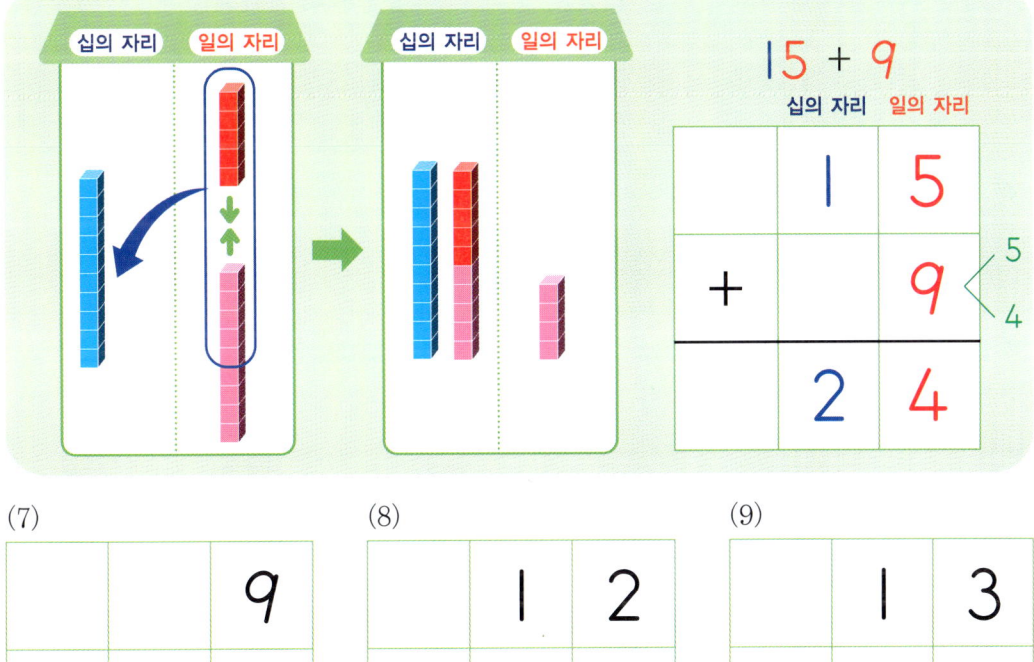

(7)

		9
+	1	0

(8)

	1	2
+		9

(9)

	1	3
+		8

(10)

	1	4
+		7

(11)

		8
+		8

(12)

	1	5
+		7

➕ 다음 덧셈을 하세요.

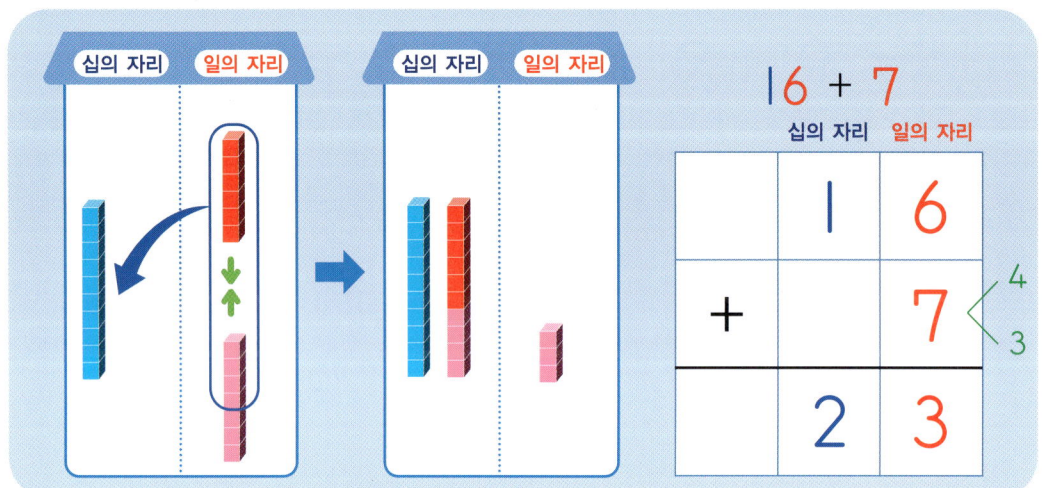

(1)

	1	8
+		7

(2)

	1	9
+		8

(3)

	2	0
+		9

(4)

	1	7
+	1	0

(5)

	2	1
+		9

(6)

	2	2
+		8

 꼭꼭 세로셈을 할 때에는 자리를 잘 맞춰서 계산해야 합니다.

⊕ 다음 덧셈을 하세요.

(7)
```
  1 2
+   8
─────
```

(8)
```
  1 7
+ 1 0
─────
```

(9)
```
    8
+   9
─────
```

(10)
```
  1 5
+   7
─────
```

(11)
```
  2 0
+ 1 0
─────
```

(12)
```
    5
+   9
─────
```

(13)
```
  1 9
+   7
─────
```

(14)
```
  1 3
+ 1 0
─────
```

(15)
```
    4
+   8
─────
```

(16)
```
  1 8
+   7
─────
```

(17)
```
  1 4
+   9
─────
```

(18)
```
    6
+   8
─────
```

 다음 덧셈을 하세요.

(1)
```
    1 6
  + 1 0
  ─────
```

(2)
```
    1 8
  +   8
  ─────
```

(3)
```
      7
  +   9
  ─────
```

(4)
```
    1 4
  +   7
  ─────
```

(5)
```
    1 1
  + 1 0
  ─────
```

(6)
```
      6
  +   9
  ─────
```

(7)
```
    2 0
  +   8
  ─────
```

(8)
```
    2 1
  +   9
  ─────
```

(9)
```
      5
  +   7
  ─────
```

(10)
```
    1 7
  +   7
  ─────
```

(11)
```
    1 4
  +   8
  ─────
```

(12)
```
      9
  +   9
  ─────
```

➕ 계산 결과가 같은 것끼리 줄로 이으세요.

(13) $17 + 10$ •   • $10 + 7$

(14) $9 + 8$ •   • $11 + 10$

(15) $13 + 9$ •   • $14 + 8$

(16) $14 + 7$ •   • $18 + 9$

(17) $15 + 10$ •   • $13 + 7$

(18) $12 + 8$ •   • $16 + 9$

(19) $17 + 9$ •   • $19 + 7$

21 차시 더하기 7, 8, 9, 10의 종합

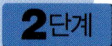

2단계

 다음 덧셈을 하세요.

+	5	8	10	14	17	21
7	5+7	8+7	10+7	14+7	17+7	21+7

가로의 수 5에 세로의 수 7을 더해요.

+	8	7	11	13	16	22
8						

+	3	9	16	18	17	20
9						

 가로의 수에 세로의 수 7, 8, 9를 각각 더해 봅니다.

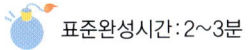
다음 덧셈을 하세요.

+	1	17	15	20	5	19
10	1+10	17+10	15+10	20+10	5+10	19+10

+	6	15	13	7	8	20
9						

+	14	8	3	17	11	19
8						

2주

22 차시 더하기 7, 8, 9, 10의 종합

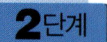 **2**단계

◆ 다음 덧셈을 하세요.

+	7	8
22	22+7	22+8
21	21+7	21+8
20	20+7	20+8

세로의 수에 가로의 수를 더해요.

+	9	10
18		
17		
16		

+	10	9
12		
11		
10		

+	8	7
7		
6		
5		

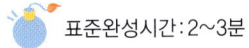
다음 덧셈을 하세요.

+	7	8
15	15+7	15+8
19	19+7	19+8
7	7+7	7+8

+	9	10
8		
15		
6		

+	10	9
5		
20		
18		

+	8	7
17		
12		
10		

2주

➕ 그림에 알맞은 덧셈식을 찾아 ◯ 하세요.

$$12 + 7 = 19$$

$$12 + 8 = 20$$

$$20 + 10 = 30$$

$$18 + 9 = 27$$

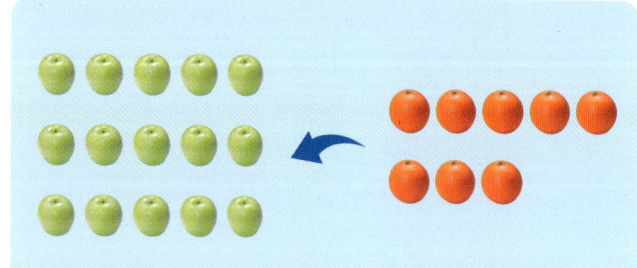

$$15 + 7 = 22$$

$$15 + 8 = 23$$

 왼쪽 구체물을 세어 그 수를 더해지는 수, 오른쪽 구체물의 수를 세어 그 수를 더하는 수로 나타낸 다음, 합을 구해 봅니다.

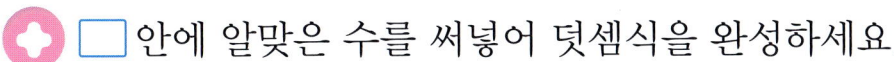

🍀 □안에 알맞은 수를 써넣어 덧셈식을 완성하세요.

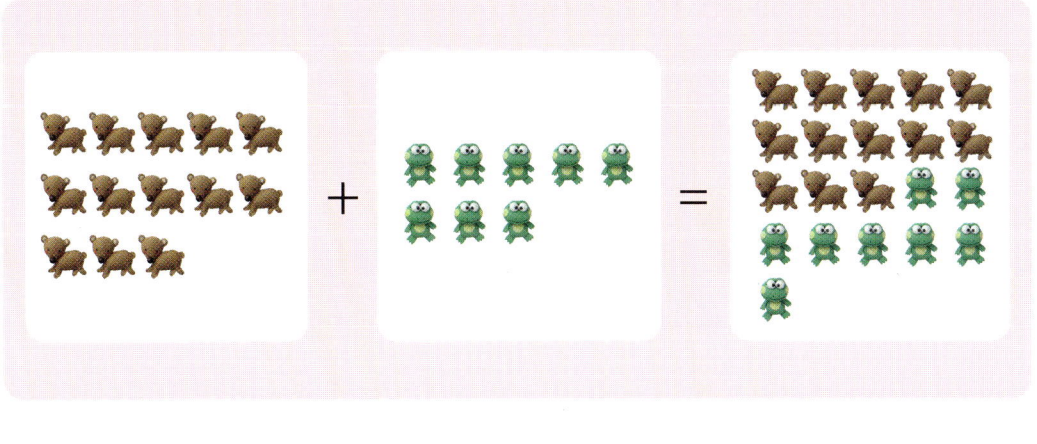

2주

□ + □ = □

□ + □ = □

24차시 더하기 7, 8, 9, 10의 종합

3단계

➕ 덧셈을 하고, 계산 결과가 가장 큰 덧셈에 ◯ 하세요.

더해지는 수가 19로 같으니까 더하는 수가 가장 큰 수가 가장 큰 덧셈이야.

$19 + 7$ $19 + 9$ $19 + 8$

똑같이 더하기 7이니까 더해지는 수가 가장 큰 수가 가장 큰 덧셈이야.

$13 + 7$ $12 + 7$ $14 + 7$

각각의 덧셈을 하여 합이 가장 큰 것이 가장 큰 덧셈이야.

$18 + 9$ $20 + 8$ $19 + 10$

✚ 빈칸에 알맞은 수를 써넣어 덧셈식을 완성하세요.

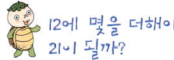
12에 몇을 더해야
21이 될까?

12	+	(12 + ☐ = 21)	=	21
+	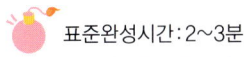	+		+
	+	1	=	
(12 + ☐ = 19)				
=		=		=
19	+		=	29

 **주** **더하기 1~10의 종합**

학습 체크표 매일 학습이 끝나면 채점을 하고 체크표를 작성하여 나의 실력을 알아보세요.

차시	단계	공부한 날	잘 했나요?
25차시		월 일	😊 🙂 😑 😣
26차시		월 일	😊 🙂 😑 😣
27차시		월 일	😊 🙂 😑 😣
28차시		월 일	😊 🙂 😑 😣
29차시	1단계	월 일	😊 🙂 😑 😣
30차시		월 일	😊 🙂 😑 😣
31차시		월 일	😊 🙂 😑 😣
32차시		월 일	😊 🙂 😑 😣
33차시	2단계	월 일	😊 🙂 😑 😣
34차시		월 일	😊 🙂 😑 😣
35차시	3단계	월 일	😊 🙂 😑 😣
36차시		월 일	😊 🙂 😑 😣

틀린 개수가

0~1 개이면 😊 (아주 잘함)에, 2~3 개이면 🙂 (잘함)에,

4~5 개이면 😑 (보통)에, 6 개 이상이면 😣 (노력 바람)에 색칠해 주세요.

만화로 개념 알아보기

학습목표 더하기 1~10의 종합 문제를 다양한 방식으로 풀어 보며 덧셈의 실력을 다질 수 있습니다.

💠 다음 덧셈을 하세요.

(1) 1 + 1 = ☐

(2) 2 + 2 = ☐

(3) 3 + 3 = ☐

(4) 4 + 4 = ☐

(5) 5 + 5 = ☐

(6) 6 + 6 = ☐

(7) 7 + 7 = ☐

(8) 8 + 8 = ☐

 꼭꼭 　더해지는 수와 더하는 수가 1씩 함께 커지면 그 수의 합은 2씩 커집니다.

다음 덧셈을 하세요.

(9) 11 + 1 = ☐   (10) 21 + 1 = ☐

(11) 12 + 2 = ☐   (12) 22 + 2 = ☐

(13) 13 + 3 = ☐   (14) 23 + 3 = ☐

(15) 14 + 4 = ☐   (16) 24 + 4 = ☐

(17) 15 + 5 = ☐   (18) 25 + 5 = ☐

(19) 16 + 6 = ☐   (20) 17 + 7 = ☐

(21) 18 + 8 = ☐   (22) 19 + 9 = ☐

(23) 9 + 9 = ☐   (24) 10 + 10 = ☐

다음 덧셈을 하세요.

두 수를 바꾸어 더해도 합이 같아요.

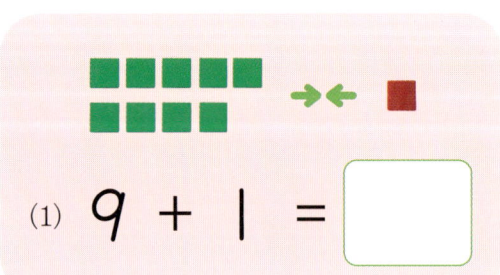

(1) 9 + 1 =

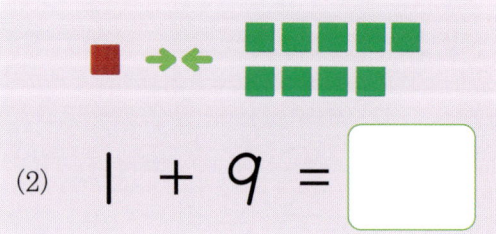

(2) 1 + 9 =

(3) 8 + 2 =

(4) 2 + 8 =

(5) 7 + 3 =

(6) 3 + 7 =

(7) 6 + 4 =

(8) 4 + 6 =

(9) 5 + 5 =

(10) 5 + 5 =

(11) 4 + 6 =

(12) 6 + 4 =

(13) 3 + 7 =

(14) 7 + 3 =

 꼭꼭 두 수의 합이 10이 되는 경우는 1과 9, 2와 8, 3과 7, 4와 6, 5와 5, 6과 4, 7과 3, 8과 2, 9와 1 입니다.

✚ 다음 덧셈을 하세요.

(15) $19 + 1 =$ ☐

(16) $29 + 1 =$ ☐

(17) $18 + 2 =$ ☐

(18) $28 + 2 =$ ☐

(19) $17 + 3 =$ ☐

(20) $27 + 3 =$ ☐

(21) $16 + 4 =$ ☐

(22) $26 + 4 =$ ☐

(23) $15 + 5 =$ ☐

(24) $25 + 5 =$ ☐

(25) $14 + 6 =$ ☐

(26) $24 + 6 =$ ☐

(27) $13 + 7 =$ ☐

(28) $23 + 7 =$ ☐

(29) $12 + 8 =$ ☐

(30) $22 + 8 =$ ☐

 두 수의 합이 20이 되는 덧셈과 두 수의 합이 30이 되는 덧셈을 알아봅니다.

 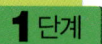
 다음 덧셈을 하세요.

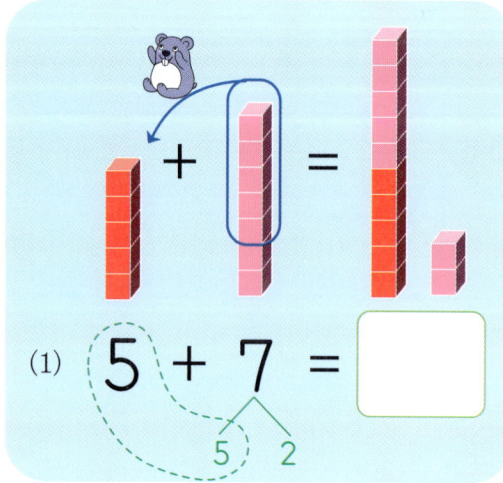

(1) $5 + 7 =$ ☐
       5   2

(2) $1 + 9 =$ ☐

(3) $8 + 1 =$ ☐

(4) $4 + 7 =$ ☐
       6   1

(5) $9 + 2 =$ ☐
       1   1

(6) $3 + 4 =$ ☐

(7) $5 + 8 =$ ☐
       5   3

(8) $5 + 6 =$ ☐
       5   1

(9) $7 + 9 =$ ☐
       3   6

(10) $2 + 5 =$ ☐

(11) $10 + 10 =$ ☐

(12) $7 + 3 =$ ☐

(13) $6 + 7 =$ ☐
       4   3

(14) $6 + 4 =$ ☐

🍀 다음 덧셈을 하세요.

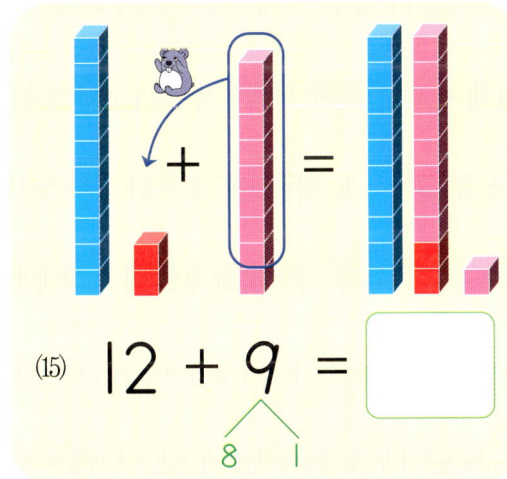

(15) 12 + 9 = ☐
8 ∧ 1

(16) 17 + 8 = ☐
3 ∧ 5

(17) 12 + 7 = ☐

(18) 20 + 9 = ☐

(19) 13 + 2 = ☐

(20) 12 + 8 = ☐

(21) 16 + 10 = ☐

(22) 17 + 5 = ☐
3 ∧ 2

(23) 18 + 4 = ☐
2 ∧ 2

(24) 15 + 7 = ☐
5 ∧ 2

(25) 19 + 1 = ☐

(26) 14 + 3 = ☐

(27) 12 + 7 = ☐

(28) 11 + 8 = ☐

➕ 다음 덧셈을 하세요.

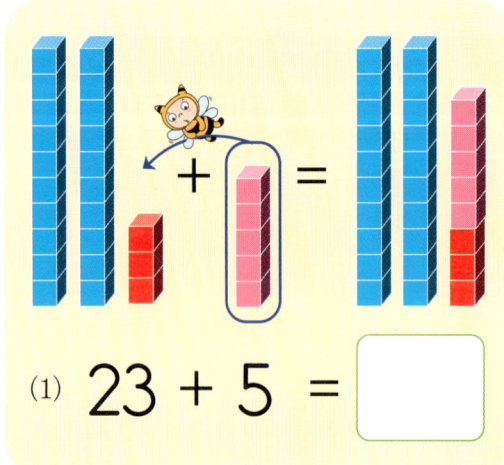

(1) 23 + 5 = ☐

(2) 25 + 5 = ☐

(3) 24 + 5 = ☐

(4) 21 + 7 = ☐

(5) 29 + 1 = ☐

(6) 20 + 10 = ☐

(7) 26 + 4 = ☐

(8) 23 + 4 = ☐

(9) 28 + 2 = ☐

(10) 26 + 3 = ☐

(11) 21 + 8 = ☐

(12) 27 + 2 = ☐

(13) 22 + 7 = ☐

(14) 21 + 9 = ☐

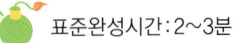
 다음 덧셈을 하세요.

(15) 3 + 7 =

(16) 23 + 7 =

(17) 17 + 8 =

(18) 9 + 6 =

(19) 25 + 3 =

(20) 19 + 4 =

(21) 29 + 1 =

(22) 12 + 9 =

(23) 15 + 6 =

(24) 6 + 4 =

(25) 18 + 9 =

(26) 15 + 8 =

(27) 7 + 5 =

(28) 4 + 2 =

(29) 8 + 10 =

(30) 20 + 10 =

 단순한 계산 반복은 아이로 하여금 학습에 대한 흥미를 잃게 할 수 있습니다. 여러 가지 계산 방법을 사용하여 아이가 즐겁게 학습할 수 있도록 유도해 주세요.

🍀 다음 덧셈을 하세요.

(1) 11 + 2 = ☐   (2) 12 + 1 = ☐

(3) 13 + 4 = ☐   (4) 14 + 3 = ☐

(5) 15 + 6 = ☐   (6) 16 + 5 = ☐

(7) 16 + 4 = ☐   (8) 14 + 6 = ☐

(9) 19 + 7 = ☐   (10) 17 + 9 = ☐

(11) 21 + 6 = ☐   (12) 26 + 1 = ☐

(13) 23 + 7 = ☐   (14) 27 + 3 = ☐

(15) 22 + 8 = ☐   (16) 28 + 2 = ☐

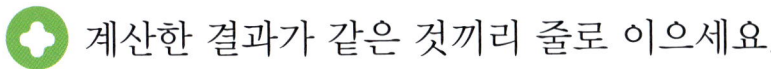
✿ 계산한 결과가 같은 것끼리 줄로 이으세요.

(17)　　12 + 8　　•　　•　　7 + 9

(18)　　6 + 9　　•　　•　　10 + 10

(19)　　9 + 7　　•　　•　　8 + 7

(20)　　7 + 2　　•　　•　　9 + 1

(21)　　1 + 9　　•　　•　　3 + 6

(22)　　19 + 4　　•　　•　　15 + 8

🟢 다음 덧셈을 하세요.

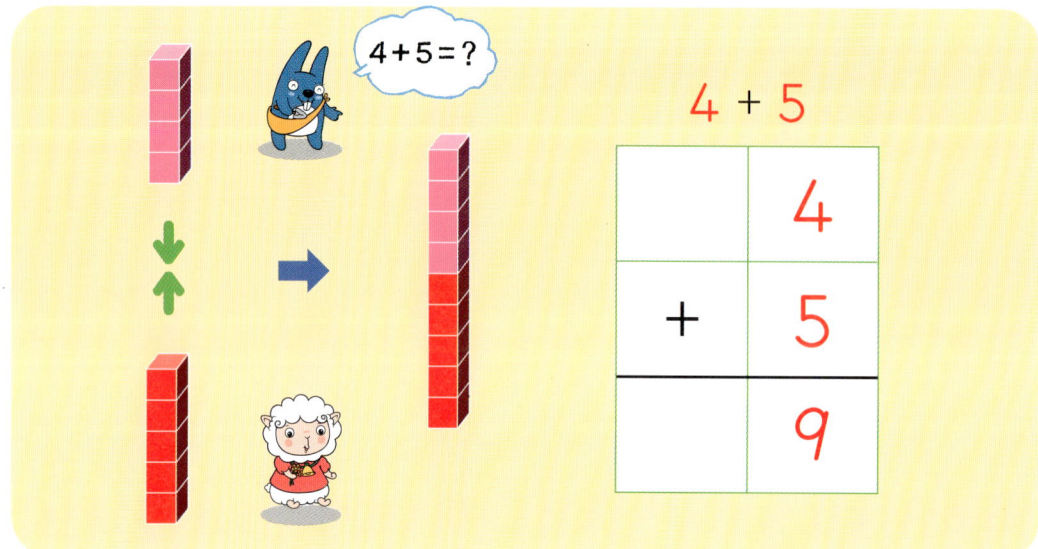

(1)

	1
+	9

(2)

	2
+	8

(3)

	3
+	7

(4)

	4
+	8

(5)

	5
+	9

(6)

	6
+	6

✿ 다음 덧셈을 하세요.

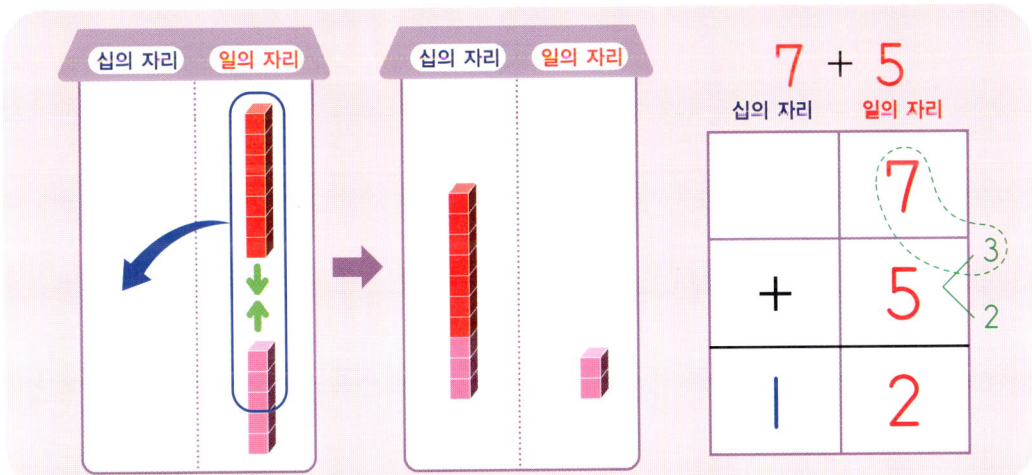

(7)
		6
+		5

(8)
		3
+		8

(9)
	1	5
+		7

(10)
		9
+		6

(11)
		8
+		9

(12)
	1	3
+		4

➕ 다음 덧셈을 하세요.

십의 자리	일의 자리		십의 자리	일의 자리

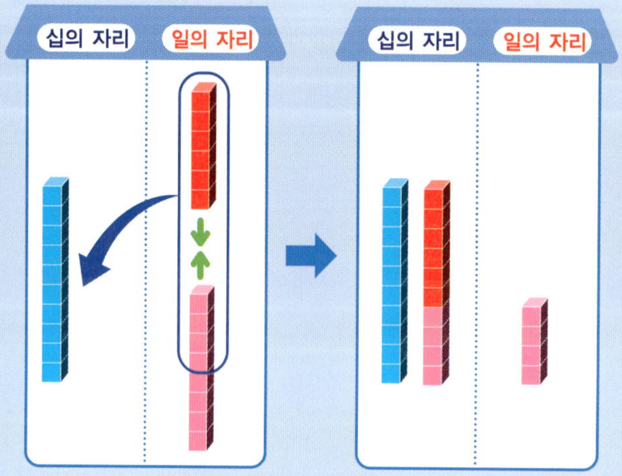

16 + 8

	십의 자리	일의 자리
	1	6
+		8
	2	4

(1)

	1	8
+		7

(2)

	2	0
+		9

(3)

	1	7
+		5

(4)

	1	9
+		4

(5)

	1	8
+		6

(6)

	1	9
+	1	0

 (몇십 몇)+(몇)을 세로셈으로 계산할 때는 자리를 잘 맞추어야 합니다. 일의 자리 숫자는 일의 자리 숫자끼리, 십의 자리 숫자는 십의 자리 숫자끼리 덧셈을 합니다.

다음 덧셈을 하세요.

(7)
$$
\begin{array}{r}
1\ 4 \\
+\quad 7 \\
\hline
\end{array}
$$

(8)
$$
\begin{array}{r}
2\ 1 \\
+\quad 4 \\
\hline
\end{array}
$$

(9)
$$
\begin{array}{r}
5 \\
+\ 9 \\
\hline
\end{array}
$$

(10)
$$
\begin{array}{r}
1\ 6 \\
+\quad 5 \\
\hline
\end{array}
$$

(11)
$$
\begin{array}{r}
1\ 8 \\
+\quad 6 \\
\hline
\end{array}
$$

(12)
$$
\begin{array}{r}
9 \\
+\ 1 \\
\hline
\end{array}
$$

(13)
$$
\begin{array}{r}
1\ 3 \\
+\ 1\ 0 \\
\hline
\end{array}
$$

(14)
$$
\begin{array}{r}
1\ 9 \\
+\quad 2 \\
\hline
\end{array}
$$

(15)
$$
\begin{array}{r}
7 \\
+\ 3 \\
\hline
\end{array}
$$

(16)
$$
\begin{array}{r}
1\ 2 \\
+\quad 8 \\
\hline
\end{array}
$$

(17)
$$
\begin{array}{r}
1\ 5 \\
+\quad 7 \\
\hline
\end{array}
$$

(18)
$$
\begin{array}{r}
8 \\
+\ 9 \\
\hline
\end{array}
$$

○ 다음 덧셈을 하세요.

(1)
```
   1 5
 +   6
 ─────
```

(2)
```
   1 7
 +   3
 ─────
```

(3)
```
     7
 +   4
 ─────
```

(4)
```
   2 0
 +   6
 ─────
```

(5)
```
   1 9
 +   7
 ─────
```

(6)
```
     8
 +   8
 ─────
```

(7)
```
   1 3
 + 1 0
 ─────
```

(8)
```
   1 6
 +   5
 ─────
```

(9)
```
     9
 +   1
 ─────
```

(10)
```
   1 1
 +   2
 ─────
```

(11)
```
   1 2
 +   9
 ─────
```

(12)
```
     4
 +   8
 ─────
```

다음 덧셈을 하세요.

(13)
```
    1 5
  +   8
  -----
```

(14)
```
      7
  +   7
  -----
```

(15)
```
    1 9
  +   8
  -----
```

(16)
```
    1 8
  +   6
  -----
```

(17)
```
    2 0
  +   7
  -----
```

(18)
```
    1 6
  +   9
  -----
```

(19)
```
    1 7
  +   4
  -----
```

(20)
```
    1 3
  + 1 0
  -----
```

(21)
```
      9
  +   2
  -----
```

(22)
```
    1 4
  +   8
  -----
```

(23)
```
    2 0
  + 1 0
  -----
```

(24)
```
    1 1
  +   9
  -----
```

➕ 다음 덧셈을 하세요.

+	6
15	15+6
17	17+6
8	8+6
5	5+6
20	20+6
3	3+6
16	16+6

세로의 수 15에
가로의 수 6을
더해요.

+	5
13	
21	
9	
19	
10	
7	
14	

 꼭꼭   세로의 수에 가로의 수 6을 더하면 그 합은 세로의 수보다 6 큰 수가 됩니다. 또, 세로의 수에 가로의 수 5를 더하면 그 합은 세로의 수보다 5 큰 수가 됩니다.

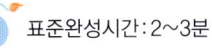

다음 덧셈을 하세요.

+	20	14	19	4	7	8
10	20+10	14+10	19+10	4+10	7+10	8+10

3주

+	18	17	3	9	10	2
9						

+	3	13	21	15	6	11
8						

 가로의 수는 더해지는 수, 세로의 수는 더하는 수입니다.

⬥ 다음 덧셈을 하세요.

+	5	6
5	5+5	5+6
6	6+5	6+6
7	7+5	7+6

+	7	8
10		
11		
12		

+	9	10
15		
16		
14		

+	1	2
26		
27		
28		

다음 덧셈을 하세요.

+	4	3
26	26+4	26+3
19	19+4	19+3
11	11+4	11+3

+	2	1
13		
18		
22		

+	9	8
21		
17		
15		

+	7	6
3		
14		
16		

♦ ☐안에 알맞은 수를 써넣어 덧셈식을 완성하세요.

☐ + ☐ = ☐

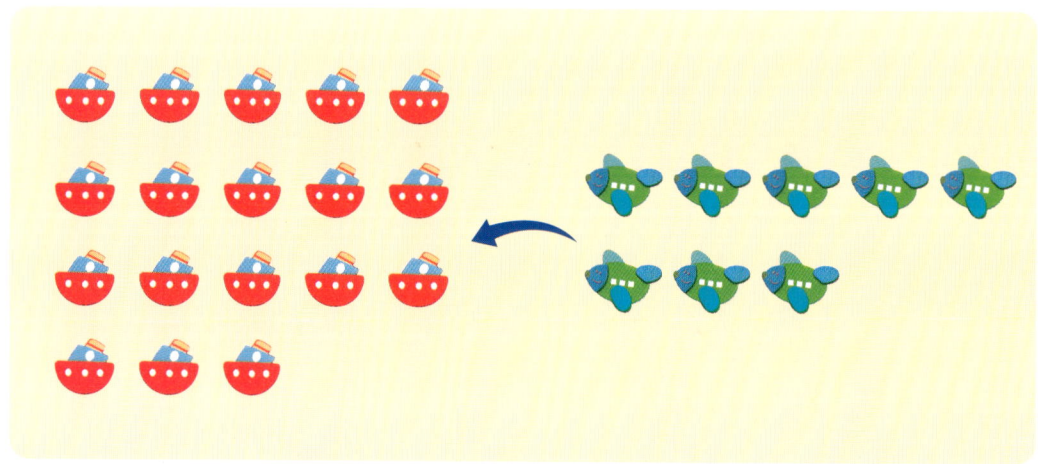

☐ + ☐ = ☐

세 수를 사용하여 덧셈식을 완성해 보세요.

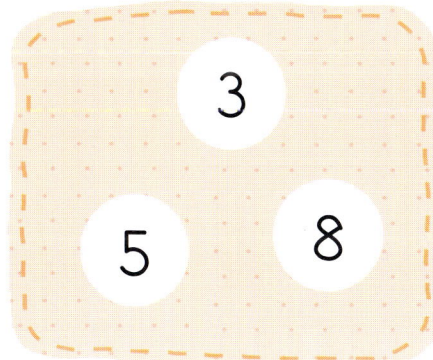

□ + 5 = □

3 + □ = □

□ + 8 = □

 주어진 세 수 중 가장 큰 수가 나머지 두 수의 합이 됩니다.

➕ 덧셈을 하고, 계산 결과가 가장 큰 덧셈에 ◯ 하세요.

더해지는 수가 22로 같으니까 더하는 수가 가장 큰 수가 가장 큰 덧셈이야.

22 + 7

22 + 5

22 + 6

14 + 9

12 + 9

13 + 9

17 + 8

18 + 10

20 + 6

꼭꼭 같은 수에 더하는 수가 다를 때에는 더하는 수가 가장 큰 쪽이 가장 큰 덧셈입니다. 또, 더하는 수가 같을 때에는 더해지는 수가 가장 큰 쪽이 가장 큰 덧셈입니다.

빈칸에 알맞은 수를 써넣어 덧셈식을 완성하세요.

19	+	3	=	
+		+		+
4	+		=	6
=		=		=
	+	5	=	

4주 빼기 7 : (1~20) — 7

차시	단계	공부한 날	잘 했나요?
37차시		월 일	😊 🙂 😑 😣
38차시		월 일	😊 🙂 😑 😣
39차시		월 일	😊 🙂 😑 😣
40차시		월 일	😊 🙂 😑 😣
41차시	1단계	월 일	😊 🙂 😑 😣
42차시		월 일	😊 🙂 😑 😣
43차시		월 일	😊 🙂 😑 😣
44차시		월 일	😊 🙂 😑 😣
45차시	2단계	월 일	😊 🙂 😑 😣
46차시		월 일	😊 🙂 😑 😣
47차시	3단계	월 일	😊 🙂 😑 😣
48차시		월 일	😊 🙂 😑 😣

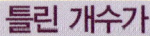

만화로 개념 알아보기

학습목표   빼어지는 수를 10과 몇으로 가르거나 빼는 수를 두 수로 갈라 계산을 하며 빼기 7의 계산을
능숙하게 할 수 있습니다.

아이고 더워라!
아이스크림이나
먹어야지.

힉!
7개나?

띠다르릉

...응?

여보세요!

이거 녹을 거
같은데……

재잘
재잘

잠시후

자, 이제
아이스크림을
먹어볼까?

랄랄라~♪

C4 **95**

➕ 수를 갈라 ☐ 안에 알맞은 수를 쓰고, 뺄셈을 하세요.

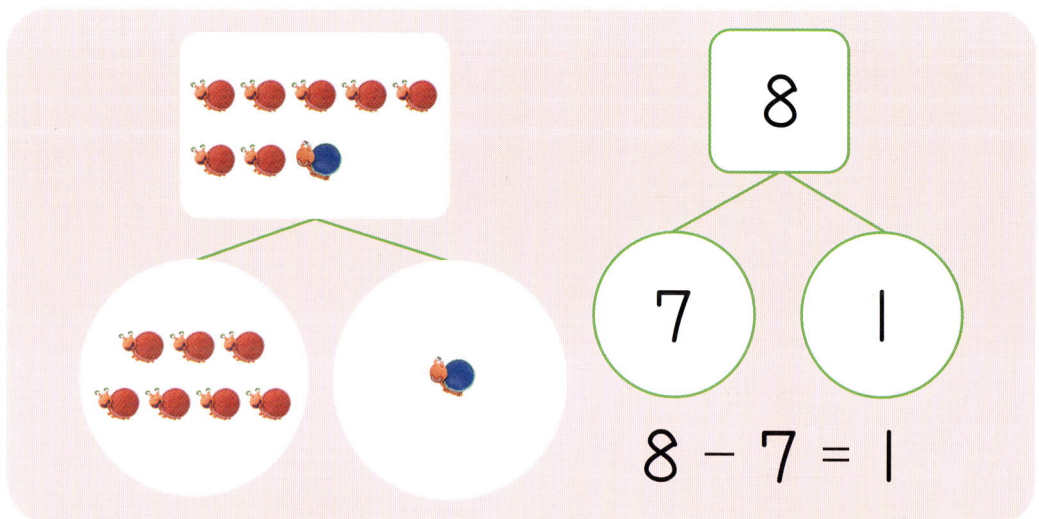

8 − 7 = 1

(1)
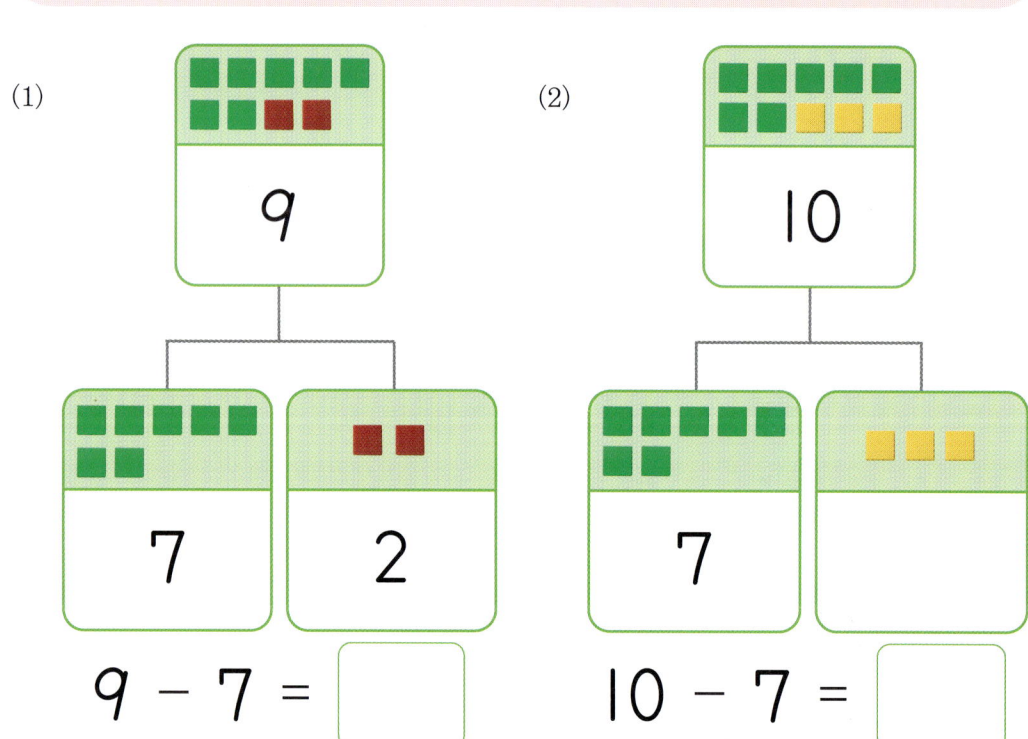

9 − 7 = ☐

(2)

10 − 7 = ☐

꼭꼭 구체물이 몇 개인지 세어 본 후 7과 (몇)으로 갈라 봅니다.

➕ 수를 갈라 ☐ 안에 알맞은 수를 쓰고, 뺄셈을 하세요.

(3)
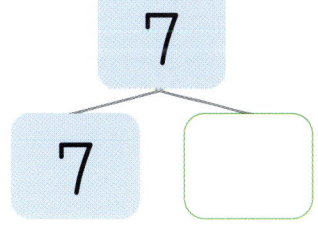

7 – 7 = ☐

(4)

8 – 7 = ☐

(5)

9 ── 7 ☐

9 – 7 = ☐

(6)

17 ── 7 ☐

17 – 7 = ☐

(7)
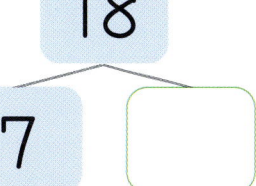

18 – 7 = ☐

(8)

19 – 7 = ☐

➕ 다음 뺄셈을 하세요.

(1)

$$8 \quad - \quad 7 \quad = \quad \boxed{}$$

팔   빼기   칠   은

(2)

$$9 \quad - \quad 7 \quad = \quad \boxed{}$$

구   빼기   칠   은

(3)

$$10 \quad - \quad 7 \quad = \quad \boxed{}$$

십   빼기   칠   은

(4)

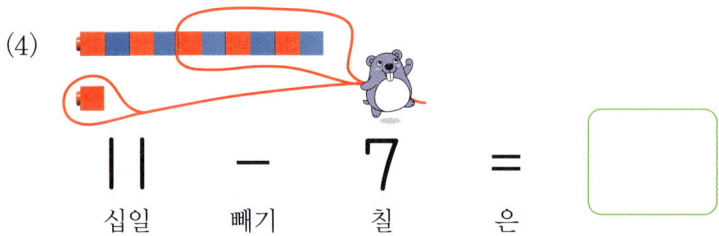

$$11 \quad - \quad 7 \quad = \quad \boxed{}$$

십일   빼기   칠   은

(5)

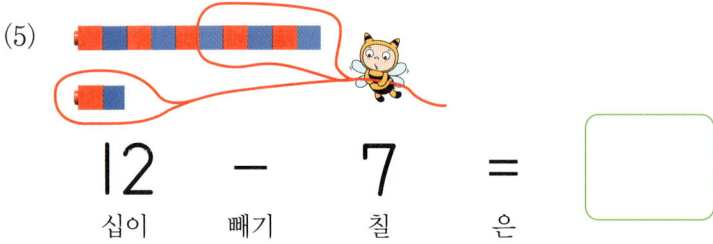

$$12 \quad - \quad 7 \quad = \quad \boxed{}$$

십이   빼기   칠   은

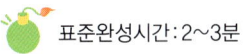
 다음 뺄셈을 하세요.

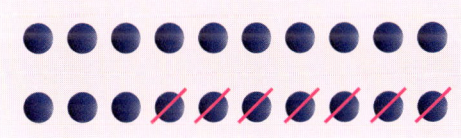

(6) $20 - 7 =$ 　　　

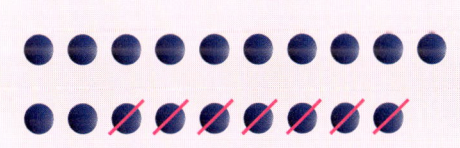

(7) $19 - 7 =$ 　　　

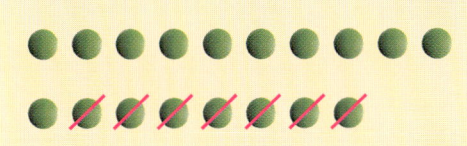

(8) $18 - 7 =$ 　　　

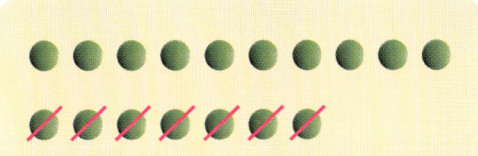

(9) $17 - 7 =$ 　　　

(10) $16 - 7 =$ 　　　

6　1

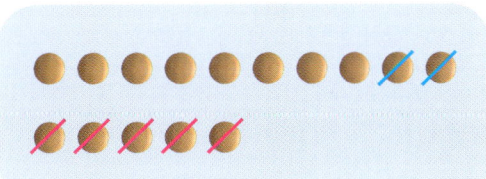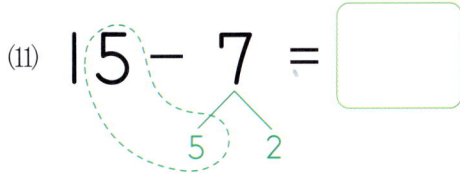

(11) $15 - 7 =$ 　　　

5　2

 전체의 수에서 빼는 수만큼 지운 다음 몇 개가 남는지 알아봅니다.

✿ 다음 뺄셈을 하세요.

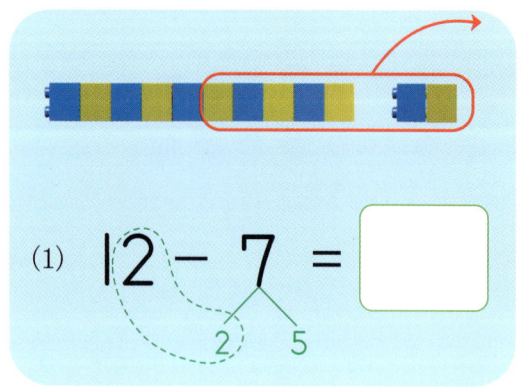

(1)   12 − 7 = ☐
     2   5

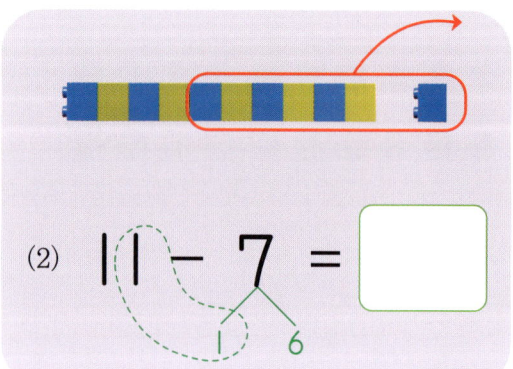

(2)   11 − 7 = ☐
     1   6

(3)   10 − 7 = ☐

(4)   13 − 7 = ☐
     3   4

(5)   18 − 7 = ☐

(6)   15 − 7 = ☐
     5   2

(7)   14 − 7 = ☐
     4   3

(8)   19 − 7 = ☐

(9)   20 − 7 = ☐

(10)   16 − 7 = ☐
     6   1

(11)   13 − 7 = ☐

(12)   12 − 7 = ☐

 빼는 수를 갈라 뺄셈을 하는 방법을 연습해 봅니다. 빼는 수를 가를 때에는 빼어지는 수의 일의 자리 숫자와 그 나머지의 숫자로 가릅니다.

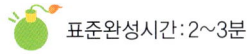
 다음 뺄셈을 하세요.

(13) 18 − 7 = ☐

(14) 19 − 7 = ☐

(15) 13 − 7 = ☐
　　　　／＼
　　　3　　4

(16) 7 − 7 = ☐

(17) 15 − 7 = ☐
　　　　／＼
　　　5　　2

(18) 12 − 7 = ☐
　　　　／＼
　　　2　　5

(19) 11 − 7 = ☐
　　　　／＼
　　　1　　6

(20) 10 − 7 = ☐

(21) 9 − 7 = ☐

(22) 14 − 7 = ☐
　　　　／＼
　　　4　　3

(23) 20 − 7 = ☐

(24) 8 − 7 = ☐

(25) 14 − 7 = ☐

(26) 19 − 7 = ☐

(27) 16 − 7 = ☐
　　　　／＼
　　　6　　1

(28) 17 − 7 = ☐

4주

🍀 다음 뺄셈을 하세요.

(1) $13 - 7 =$ ⬜
　　　3　10

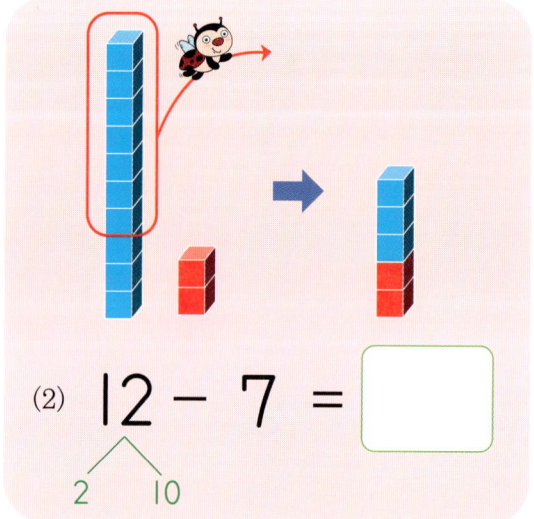

(2) $12 - 7 =$ ⬜
　　　2　10

(3) $15 - 7 =$ ⬜
　　　5　10

(4) $19 - 7 =$ ⬜

(5) $16 - 7 =$ ⬜
　　　6　10

(6) $20 - 7 =$ ⬜

(7) $7 - 7 =$ ⬜

(8) $8 - 7 =$ ⬜

(9) $18 - 7 =$ ⬜

(10) $17 - 7 =$ ⬜

 꼭꼭　빼어지는 수를 두 수로 갈라 뺄셈을 해 봅니다.

➕ 다음 뺄셈을 하세요.

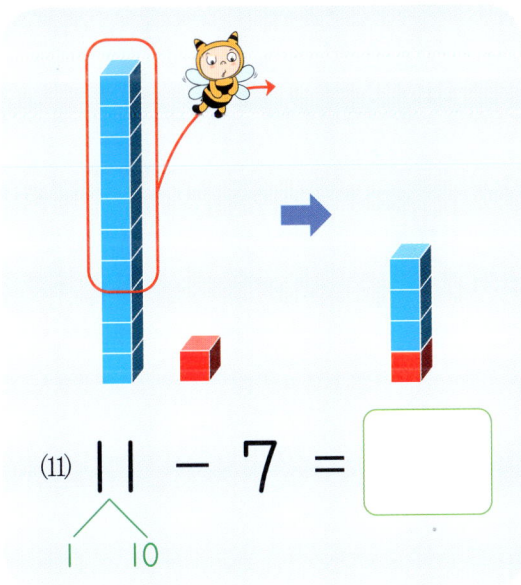

(11) $11 - 7 =$ ☐

    1   10

(12) $14 - 7 =$ ☐

    4   10

(13) $15 - 7 =$ ☐

    5   10

(14) $12 - 7 =$ ☐

    2   10

(15) $7 - 7 =$ ☐

(16) $20 - 7 =$ ☐

(17) $13 - 7 =$ ☐

    3   10

(18) $10 - 7 =$ ☐

(19) $9 - 7 =$ ☐

(20) $17 - 7 =$ ☐

41차시　　빼기 7 : (1~20)−7　　**1**단계

 다음 뺄셈을 하세요.

(1) 8 − 7 = ☐
　　18 − 7 = ☐

(2) 9 − 7 = ☐
　　19 − 7 = ☐

(3) 10 − 7 = ☐
　　20 − 7 = ☐

(4) 15 − 7 = ☐

(5) 11 − 7 = ☐

(6) 19 − 7 = ☐

(7) 13 − 7 = ☐

(8) 16 − 7 = ☐

(9) 14 − 7 = ☐

(10) 7 − 7 = ☐

(11) 10 − 7 = ☐

(12) 18 − 7 = ☐

(13) 12 − 7 = ☐

 빼어지는 수가 10 커지면 그 차도 10 커집니다.

 다음 뺄셈을 하세요.

(14) 19 − 7 = ☐   (15) 11 − 7 = ☐

(16) 7 − 7 = ☐   (17) 13 − 7 = ☐

(18) 18 − 7 = ☐   (19) 8 − 7 = ☐

(20) 10 − 7 = ☐   (21) 20 − 7 = ☐

(22) 12 − 7 = ☐   (23) 9 − 7 = ☐

(24) 14 − 7 = ☐   (25) 17 − 7 = ☐

(26) 16 − 7 = ☐   (27) 19 − 7 = ☐

(28) 15 − 7 = ☐   (29) 7 − 7 = ☐

➕ 다음 뺄셈을 하세요.

13 − 7 = ?

13 − 7

	1	3	십삼
−		7	빼기 칠은
		6	육

(1) 12 − 7

	1	2
−		7

(2) 11 − 7

	1	1
−		7

(3) 10 − 7

	1	0
−		7

 꼭꼭 '13−7'에서 낱개 3개를 먼저 뺀 다음, 10개씩 묶음에서 4개를 더 뺍니다. 이것은 7을 3과 4로 가르기 한 것을 이용한 것입니다.

➕ 다음 뺄셈을 하세요.

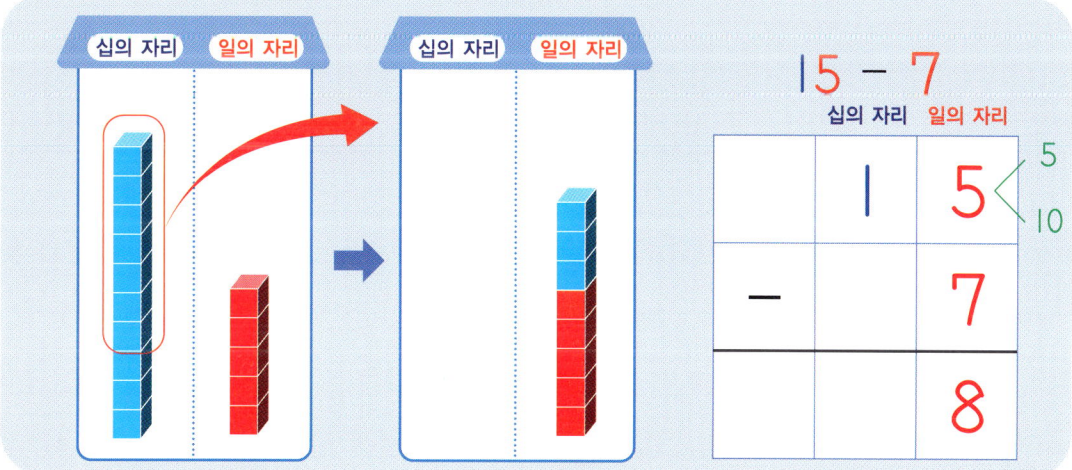

(4) 16 − 7

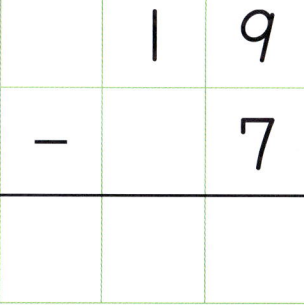

(5) 19 − 7

(6) 14 − 7

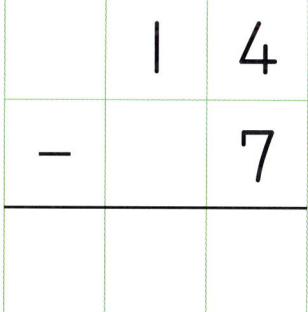

 4주

(7) 11 − 7

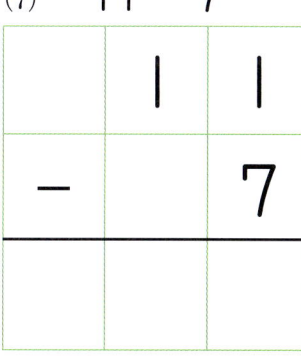

(8) 13 − 7

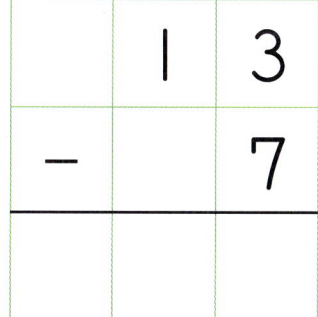

(9) 10 − 7

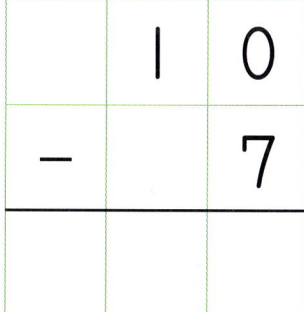

➕ 다음 뺄셈을 하세요.

(1)

	1	3
−		7

(2)

	1	2
−		7

(3)

		8
−		7

(4)

	1	1
−		7

(5)

	1	0
−		7

(6)

		9
−		7

(7)

	1	8
−		7

(8)

	1	7
−		7

(9)

		7
−		7

➕ 다음 뺄셈을 하세요.

(10)

```
    1 2
-     7
```

(11)

```
    1 4
-     7
```

(12)

```
    1 9
-     7
```

(13)

```
    1 6
-     7
```

(14)

```
    1 8
-     7
```

(15)

```
    2 0
-     7
```

4주

(16)

```
    1 5
-     7
```

(17)

```
    1 7
-     7
```

(18)

```
    1 3
-     7
```

 다음 뺄셈을 하세요.

(1)
```
  1 8
-   7
─────
```

(2)
```
  1 7
-   7
─────
```

(3)
```
    8
-   7
─────
```

(4)
```
  1 1
-   7
─────
```

(5)
```
  1 3
-   7
─────
```

(6)
```
    9
-   7
─────
```

(7)
```
  1 4
-   7
─────
```

(8)
```
  1 5
-   7
─────
```

(9)
```
    7
-   7
─────
```

(10)
```
  1 0
-   7
─────
```

(11)
```
  1 2
-   7
─────
```

(12)
```
  1 6
-   7
─────
```

 (어떤 수)에서 7을 뺄 때에는 7을 어떤 수의 일의 자리 숫자와 몇으로 갈라 봅니다. 7은 1과 6, 2와 5, 3과 4, 4와 3, 5와 2, 6과 1로 가를 수 있습니다.

🍀 다음 뺄셈을 하세요.

(13)
```
  1 7
-   7
-----
```

(14)
```
  1 2
-   7
-----
```

(15)
```
    7
-   7
-----
```

(16)
```
  1 8
-   7
-----
```

(17)
```
  2 0
-   7
-----
```

(18)
```
    9
-   7
-----
```
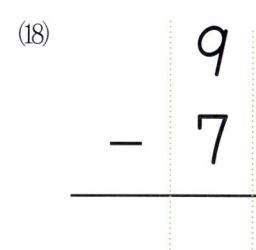

(19)
```
  1 9
-   7
-----
```

(20)
```
  1 3
-   7
-----
```

(21)
```
    8
-   7
-----
```

(22)
```
  1 5
-   7
-----
```

(23)
```
  1 4
-   7
-----
```

(24)
```
  1 6
-   7
-----
```

💠 다음 뺄셈을 하세요.

-7

7	7−7
8	8−7
9	9−7

7에서 7을 빼면 0이에요.

-7

10	10−7
11	11−7
12	12−7

-7

13	
14	
15	

-7

16	
17	
18	

 왼쪽의 수에서 위의 수 7을 뺍니다. 어떤 수에서 어떤 수 자신을 빼면 0이 됩니다.

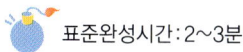

 다음 뺄셈을 하세요.

−	7
7	7 - 7
8	8 - 7
9	9 - 7

세로의 수 7에서
가로의 수 7을
빼요.

−	7
14	
15	
16	

−	7
11	11 - 7
12	12 - 7
13	13 - 7

−	7
18	
19	
20	

4주

다음 뺄셈을 하세요.

-	7	8	9	10	11
7	7-7	8-7	9-7	10-7	11-7

가로의 수 7에서
세로의 수 7을
빼요.

-	13	14	15	16	17
7					

-	19	20	7	18	12
7					

다음 뺄셈을 하세요.

−	18	14	17	9	7	10
7	18−7	14−7	17−7	9−7	7−7	10−7

가로의 수 18에서
세로의 수 7을
빼요.

−	12	20	8	7	19	16
7						

4주

−	11	12	14	13	8	15
7						

➕ 그림에 알맞은 뺄셈식을 찾아 색칠하세요.

$11 - 7 = 4$

$12 - 7 = 5$

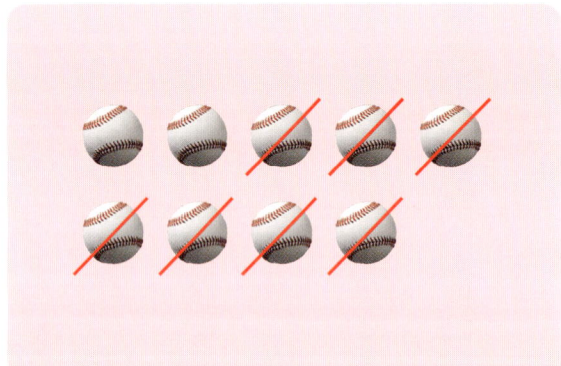

$8 - 7 = 1$

$9 - 7 = 2$

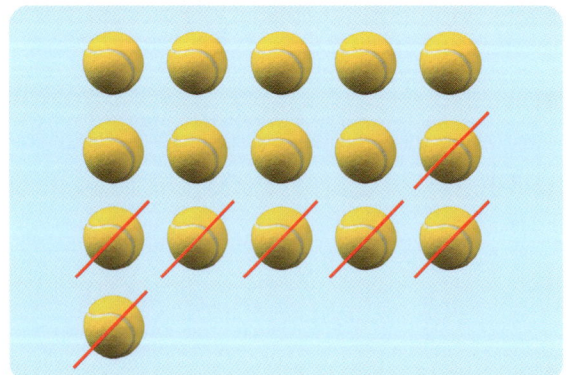

$16 - 7 = 9$

$13 - 7 = 6$

 꼭꼭   전체의 개수에서 몇 개를 지웠는지 알아보고 뺄셈식을 세웁니다.

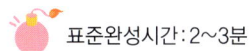
🌸 그림에 알맞은 뺄셈식을 찾아 색칠하세요.

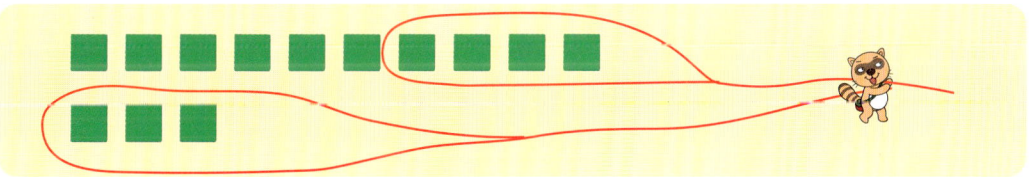

11 - 7 = 4   13 - 7 = 6   15 - 7 = 8

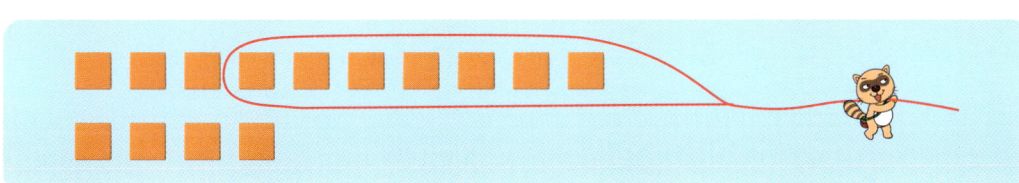

14 - 7 = 7   16 - 7 = 9   19 - 7 = 12

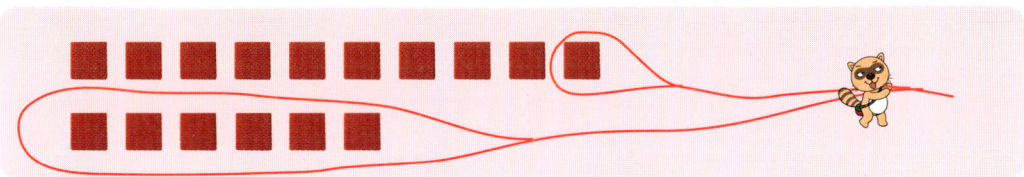

12 - 7 = 5   15 - 7 = 8   16 - 7 = 9

➕ ☐안에 알맞은 수를 써넣어 뺄셈식을 완성하세요.

$$15 - \boxed{} = 8$$

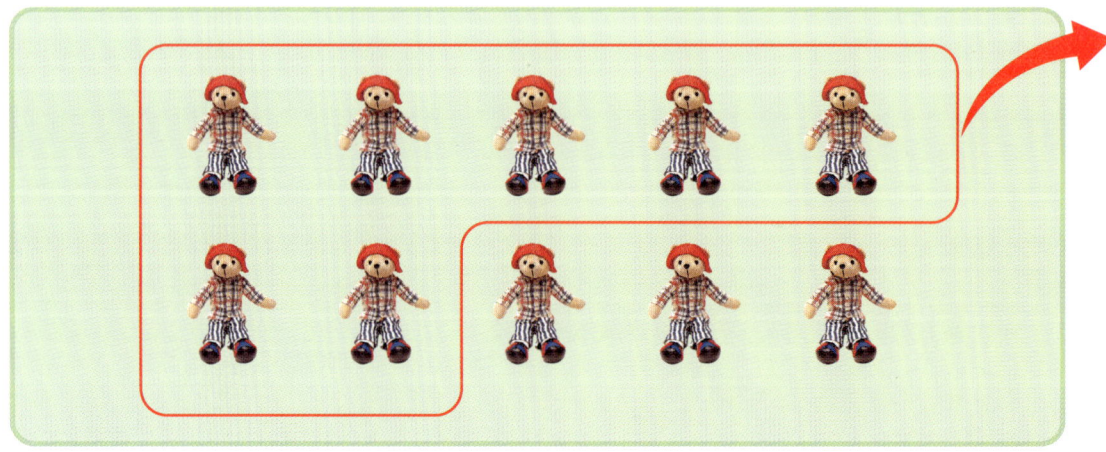

$$10 - \boxed{} = 3$$

➕ 뺄셈을 하고, 계산 결과가 가장 큰 뺄셈에 ○ 하세요.

18 - 7　　　　20 - 7　　　　19 - 7

똑같이 7을 빼니까 빼어지는
수가 가장 큰 수가 답이 가장
커요.

16 - 7　　　15 - 7　　　19 - 7

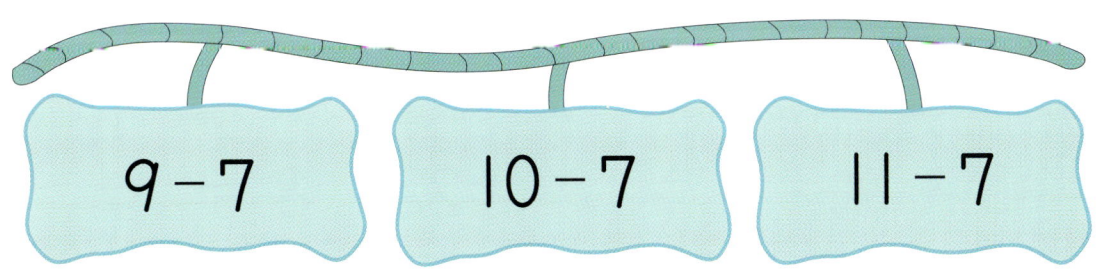

9 - 7　　　　10 - 7　　　　11 - 7

다음 계산을 하세요.

(1) 12 + 9 =

(2) 9 + 8 =

(3) 20 − 7 =

(4) 17 + 4 =

(5) 15 + 6 =

(6) 11 − 7 =

(7) 16 + 5 =

(8) 7 + 10 =

(9) 8 − 7 =

(10) 18 + 3 =

(11) 13 + 2 =

(12) 17 − 7 =

(13) 3 + 9 =

(14) 22 + 8 =

(15) 16 + 4 =

(16) 14 − 7 =

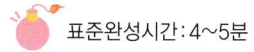

틀린 개수	0~2	3~6	7~12	13개 이상
평가	아주 잘함	잘함	보통	노력 바람

채점을 하고, 틀린 개수에 맞게 ○하세요

(17) $17 + 3 =$ ☐

(18) $19 + 7 =$ ☐

(19) $20 + 9 =$ ☐

(20) $12 + 5 =$ ☐

(21) $18 + 4 =$ ☐

(22) $8 + 8 =$ ☐

(23) $6 + 5 =$ ☐

(24) $9 - 7 =$ ☐

(25) $12 + 8 =$ ☐

(26) $9 + 9 =$ ☐

(27) $7 - 7 =$ ☐

(28) $15 + 10 =$ ☐

(29) $13 + 5 =$ ☐

(30) $7 + 4 =$ ☐

(31) $20 + 10 =$ ☐

(32) $16 - 7 =$ ☐

(33) $15 + 9 =$ ☐

(34) $18 + 7 =$ ☐

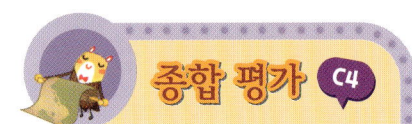

(35)
```
   1 4
 -   7
 ─────
```

(36)
```
   1 1
 +   9
 ─────
```

(37)
```
   1 7
 +   4
 ─────
```

(38)
```
   1 9
 +   4
 ─────
```

(39)
```
   1 0
 +   8
 ─────
```

(40)
```
   1 2
 -   7
 ─────
```

(41)
```
   1 8
 +   6
 ─────
```

(42)
```
   1 9
 +   2
 ─────
```

(43)
```
   1 5
 -   7
 ─────
```

(44)
```
   2 2
 +   8
 ─────
```

(45)
```
   1 3
 -   7
 ─────
```

(46)
```
   1 4
 +   5
 ─────
```

정답 및 지도서

자르는 선을 따라 잘라 보관하여, 채점할 때 사용하세요.

1주 더하기 10 : (1~20)+10

지도 방법

❶ 더하기 10의 개념을 학습하기 전에 더하기 9까지의 학습이 충분히 되어 있는지 확인해 주세요.

❷ 처음에는 원리를 이해할 수 있도록 구체적인 사물이나 그림을 이용하여 더하기를 학습할 수 있도록 합니다. 그런 다음 반복적으로 더하기를 해 보면서 덧셈식만으로도 답을 구할 수 있도록 지도해 주세요.

❸ 더하기 10의 계산이 익숙해지면 머릿속으로 생각해서 답을 찾을 수 있도록 꾸준히 연습을 시켜주세요.

❹ 아이가 쉽게 답을 구할 수 있게 되면 9 이하의 수에 10을 더할 때에는 9 이하의 수 앞에 1을 붙이는 방법으로 답을 구할 수 있다는 것도 알려 주세요.

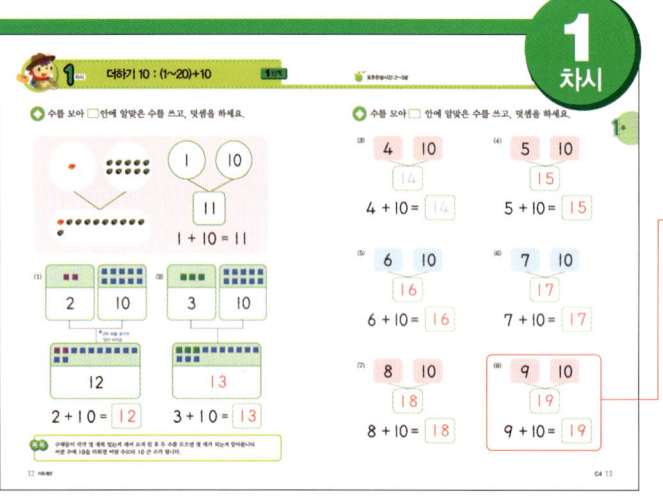

1차시

12~13쪽

- 더하기 10을 배울 거야.
- 바둑돌을 가져와서 9+10을 해 볼까?
- 바둑돌 9개와 10개를 놓아 보렴. 모두 몇 개가 되는지 세어 볼래?

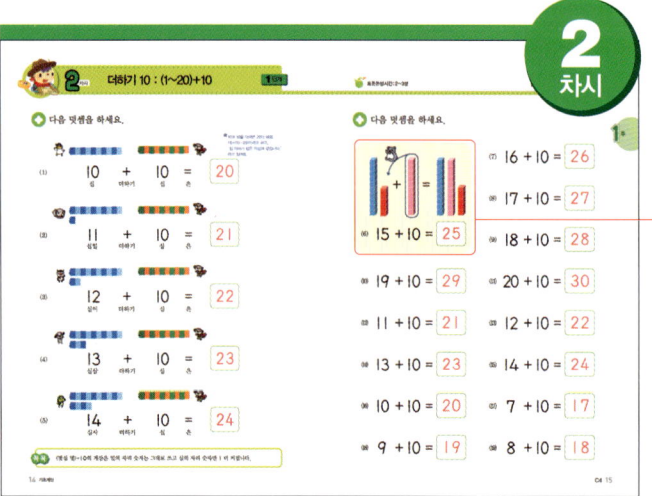

2차시

14~15쪽

- 어떤 수에 10을 더하면 어떤 수의 십의 자리 숫자만 1이 커진단다.
- 15+10을 계산해 볼래? 몇이 되니?
- 블록을 더해 개수를 세어 보렴.

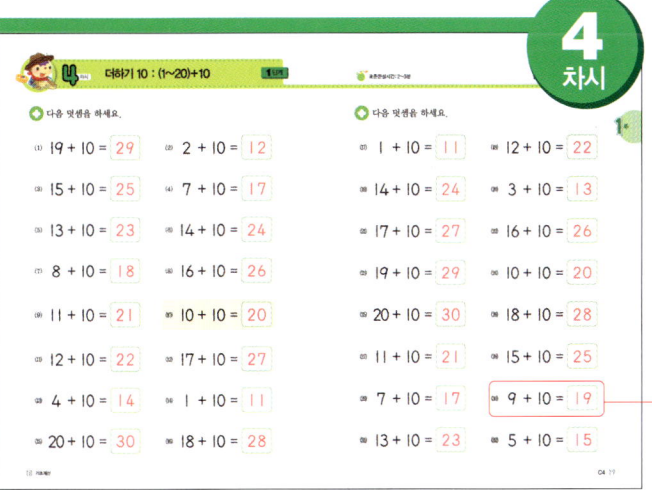

16~17쪽

- 어떤 수에 똑같이 10을 더할 때 어떤 수가 10 커지면 그 합도 10이 커져.

- 1+10=11이니까 11+10은 얼마가 되니? 11이 1보다 10 큰 수니까 똑같이 10을 더하면 11+10의 답이 1+10의 답보다 10이 크단다.

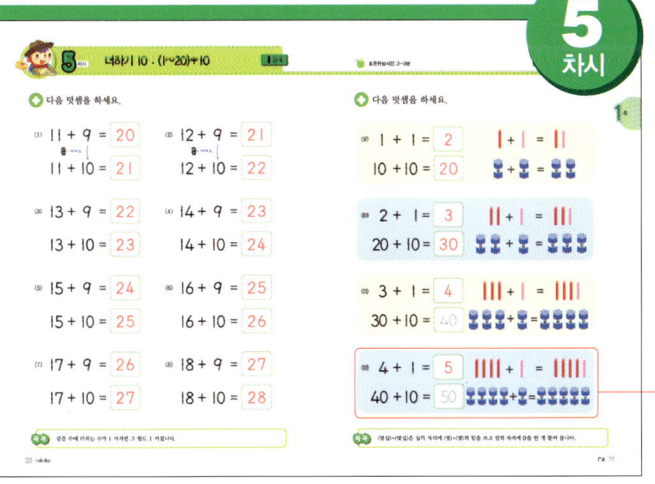

18~19쪽

- 9+10을 계산해 볼까? 10의 일의 자리에 9만 쓰면 돼.

- 그러면 5+10은 몇이 될까? 이것도 마찬가지야. 10의 일의 자리에 5만 쓰면 돼.

20~21쪽

- 4+1이 몇이지? 40+10은? 두 덧셈식의 답을 비교해 보렴.

- 40+10은 십의 자리 숫자끼리의 합인 4+1=5에서 5의 오른쪽에 0을 하나 붙여 주면 돼.

정답 및 지도서 C4

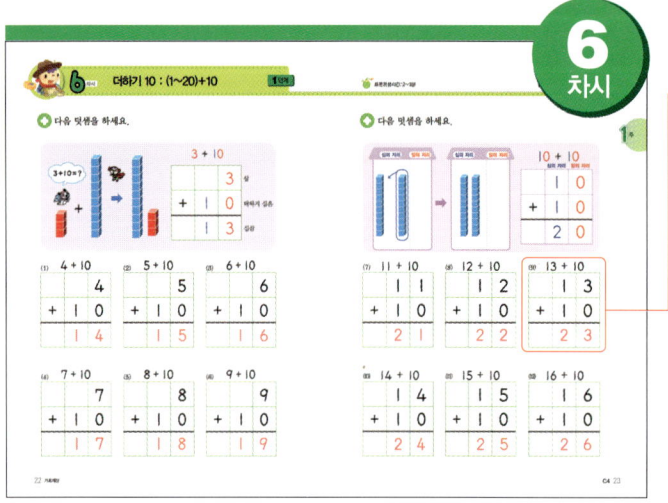

22~23쪽

- 세로셈으로 13+10을 계산해 볼까?
- 일의 자리 숫자끼리 더하면 몇이니?
- 0은 아무것도 없는 것을 나타내니까 3+0=3, 3을 그대로 일의 자리에 내려 쓰면 돼.
- 십의 자리 숫자끼리 더하면 얼마가 될까? 1+1=2. 2는 실제로 20을 나타낸단다.

24~25쪽

- 더하기 10 문제의 답은 십의 자리 숫자만 변해.
- ○○가 여러 가지 세로셈 문제를 풀어 볼래? 자릿수만 틀리지 않으면 어려울 거 없다.

26~27쪽

- (몇십)+(몇십)의 계산은 (몇)+(몇)을 계산한 다음 0을 하나 붙여 주면 돼.
- 30+10은 3과 1의 합 4에 0을 하나 붙여서 40이 되는 거야.
- 그럼 80+10은 얼마가 될까? 80+10을 계산하기 전에 8+1이 얼마인지 알아야겠지?

28~29쪽

- (몇)+10은 10의 일의 자리에 (몇)을 적어 주면 되니까 십몇 이 나오지?
- 19+10은 얼마가 될까? 일의 자리 숫자끼리 더하면 9+0=9, 십의 자리 숫자끼리 더하면 1+1=2이니까 29가 돼.

30~31쪽

- 엄마가 불러 주는 수에 ○○가 더하기 10을 해서 빈칸에 적어 볼래?
- 4, 17, 10, 5, 16, 13
- 혹시 틀린 문제가 있으면 다시 한번 계산해 볼래?

32~33쪽

- 리본은 몇 개가 있니?
- 꽃은 몇 개가 있니?
- 리본과 꽃의 수를 더하면 모두 몇 개니?
- ○○가 계산식을 써 볼래?

34~35쪽

- 덧셈을 하나씩 풀어서 답을 써 볼래?
- 더해지는 수 중에서 어느 것이 가장 크니?
- 더하면 수가 같으면 더해지는 수가 클수록 답이 크다는 것을 잊으면 안 돼.
- 7+10, 6+10, 8+10 중에서 더해지는 수가 가장 큰 것은 뭐니?

체크 포인트

❶ 아이가 0에 대한 개념을 알고 있는지 확인해 보고, 구체적인 사물을 이용하여 아무것도 없는 상태가 '0'임을 알려 주세요. 더하기 10을 이해하는 데 도움이 됩니다.

❷ 구체적인 사물이나 그림을 이용하여 10이 9보다 1 큰 수라는 것을 알게 해 주세요. 그리고 사물을 10개씩 묶어 보는 연습을 충분히 시켜 주세요. 더 나아가 수를 10단위로 묶어 볼 수 있도록 해 주세요.

정답 및 지도서 C4

2주 더하기 7, 8, 9, 10의 종합

지도 방법

1 더하기 7, 8, 9, 10을 학습하기 전에 아이가 이제까지 배웠던 학습에 대해 충분히 이해하고 있는지 또는 부족한 부분은 없는지 확인해 주세요.

2 더하기의 원리에 대해 부족한 부분은 구슬, 바둑돌 등의 구체물을 이용하여 직접 세어 보게나 그림을 그려서 아이가 확실히 알 수 있도록 다시 한번 설명해 주세요.

3 아이가 가장 쉽게 답을 구할 수 있는 방법으로 더하기 학습을 하도록 하되, 그 방법 외에 여러 가지 방법으로 풀 수 있도록 지도해 주세요.

4 아이가 문제를 정확하게 풀 수 있도록 지도해 주시고, 능숙해지면 점차 빠른 시간 내에 문제를 풀 수 있도록 지도해 주세요.

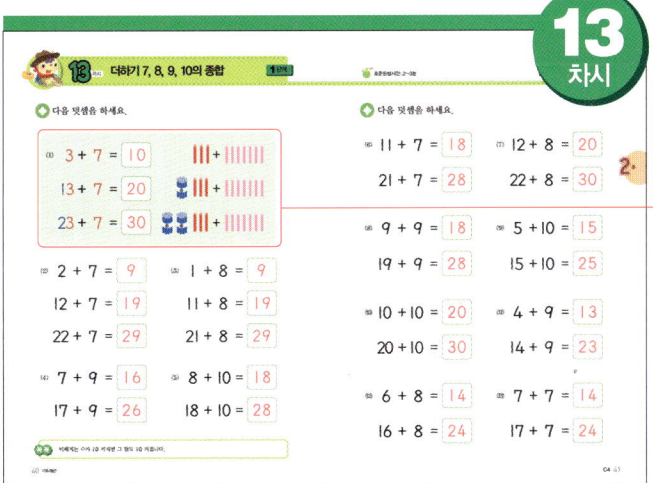

13차시

40~41쪽

▶ 수수깡 3개에 수수깡 7개를 더하면 모두 몇 개가 될까? 그래, 10개지. 이번에는 수수깡 13개에 수수깡 7개를 더하면 몇 개가 될까? 맞았어. 20개야. 더해지는 수가 10씩 커지니까 더해서 나오는 수도 10씩 커지고 있지? 직접 세어 보지 않고 더해지는 수만 보고도 답을 쉽게 알 수 있단다.

14차시

42~43쪽

▶ 더하는 수가 '7, 8, 9, 10'으로 1씩 커지고 있지? 더해서 나오는 수도 '10, 11, 12, 13'으로 1씩 커져. 그럼 무엇을 알게 되었는지 이야기해 볼래? 그래, 맞았어. 똑같은 수에 더하는 수가 1씩 커지면 그 합도 1씩 커진단다.

정답 및 지도서 C4

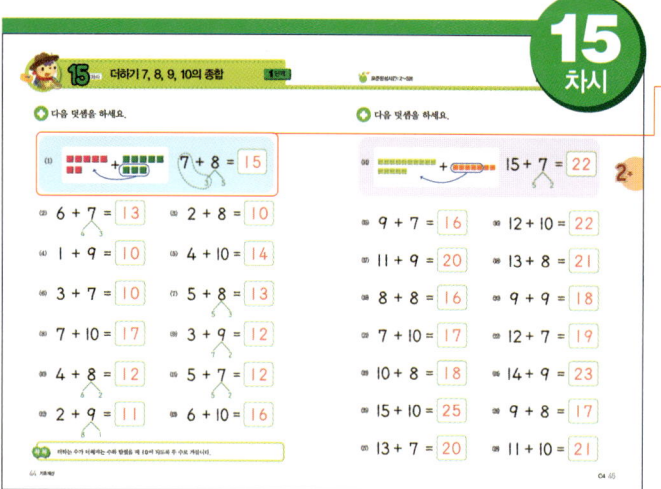

44~45쪽

▶ 7에 8을 더하면 몇일까? 블록을 보면서 풀어 볼래? 블록 7개와 8개가 있지? 블록 8개 중 3개를 빼서 블록 7개에 주면 10개가 돼. 이제 남은 5개의 블록과 만든 10개의 블록을 더하면 15가 돼.

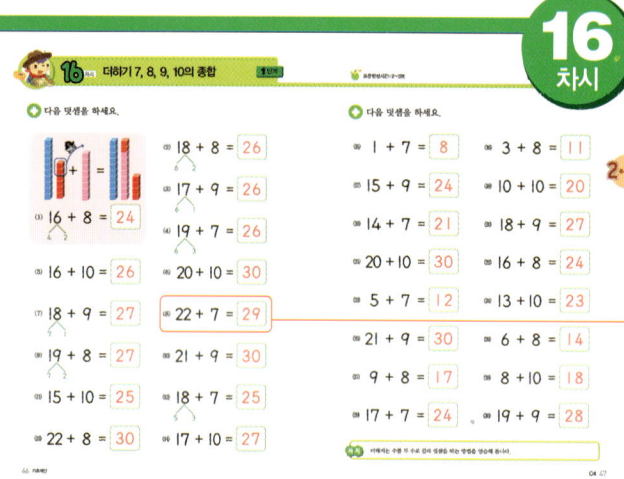

46~47쪽

▶ 22에 7을 더해 보자. 머릿속으로 먼저 답이 어떤 수일지 생각해 볼까? 우리 ○○가 생각한 것이 맞는지 확인해 볼래? 일의 자리 숫자끼리 더하면 2+7=9가 되지? 이제 남아 있는 20을 더하면 29야. 네가 생각했던 것과 같은 수가 나왔니?

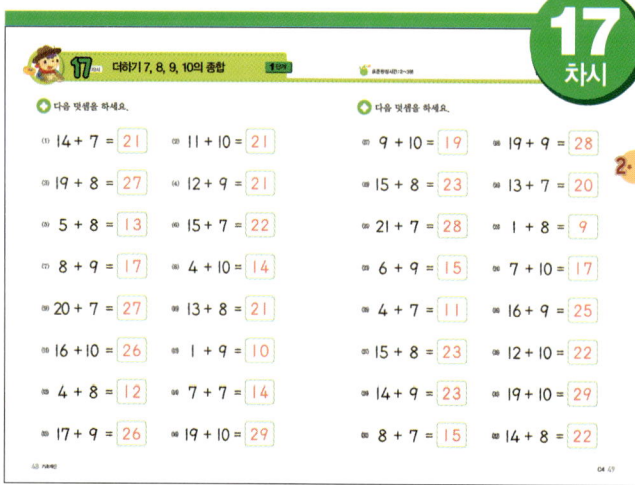

48~49쪽

• 더하기 문제가 아주 많이 있구나? 차근차근 정확하게 푸는 것도 중요하고 빠른 시간 내에 푸는 것도 중요하단다. 먼저 머릿속으로만 생각해서 문제를 풀어 보도록 하자.

• 수 가르기를 이용해서 덧셈을 하면 훨씬 쉽게 풀 수 있어.

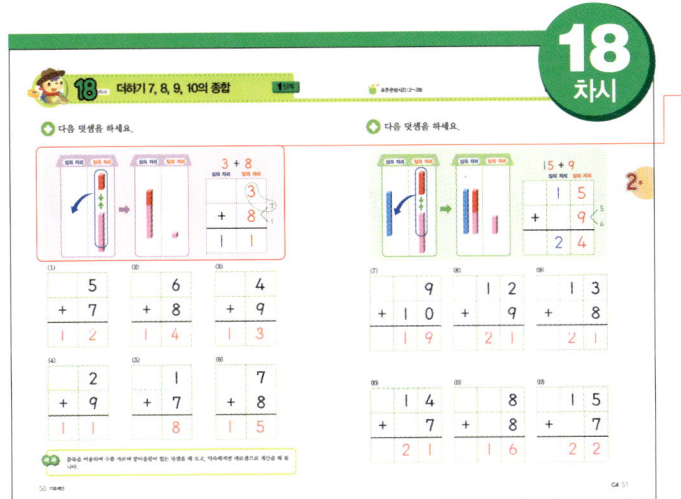

50~51쪽

빨간색 수막대 3개와 분홍색 수막대 8개를 가지고 덧셈을 해 보자. 분홍색 수막대 8개 중에서 7개를 빨간색 수막대 3개에 주면 모두 10개가 되지? 여기에 남은 분홍색 수막대 1개를 더하면 모두 11개, 즉 답은 11이야.

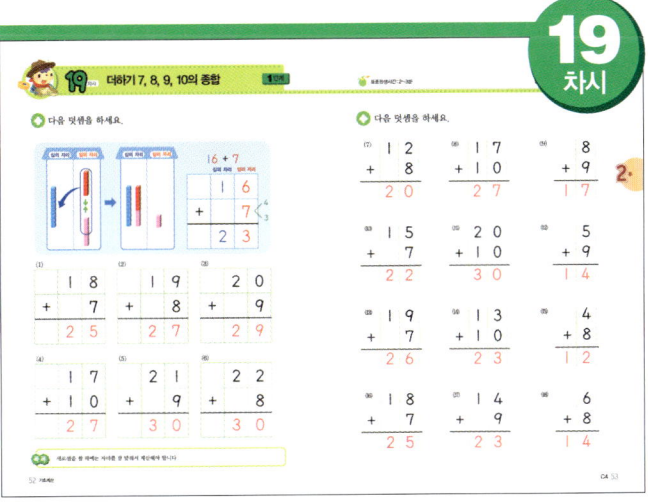

52~53쪽

세로셈을 할 때에는 일의 자리 숫자와 십의 자리 숫자를 잘 맞추어서 계산해야 한단다. 일의 자리 숫자는 일의 자리 숫자끼리, 십의 자리 숫자는 십의 자리 숫자끼리 더해야 해.

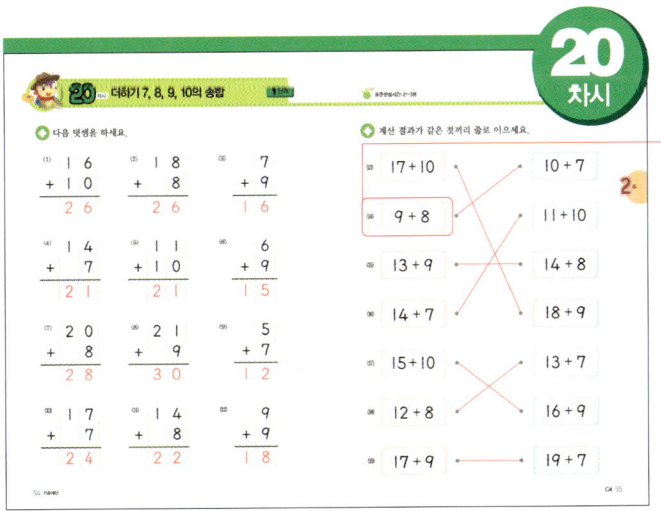

54~55쪽

• $9+8$을 계산해 볼까?

• $9+8=17$ ❶ $9+1=10$

  1 7   ❷ $10+7=17$

• 17이 되는 덧셈을 찾아볼래? 맞았어. $10+7=17$이 돼. 이제 줄로 이어 보자.

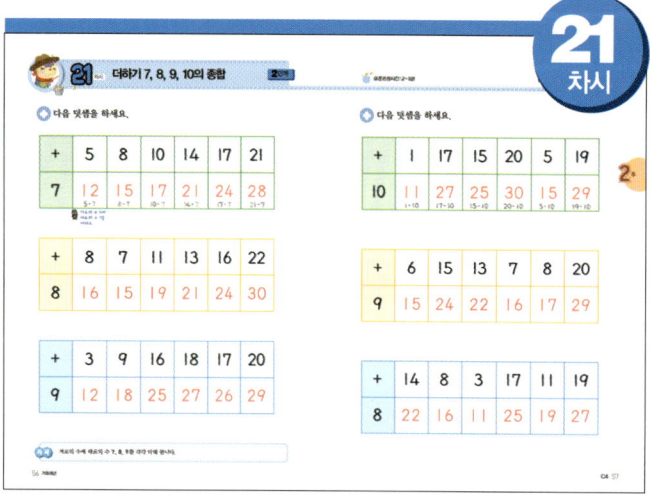

56~57쪽

- 가로의 수에 세로의 수 7, 8, 9, 10을 각각 더해 보자.
- 7, 8, 9를 더할 때에는 수 가르기를 이용하면 쉽게 계산할 수 있어.
- 10을 더할 때에는 십의 자리 숫자만 1이 더 커져.

58~59쪽

▶ 먼저 왼쪽 맨 위층에 있는 8에 9를 더해서 빈칸에 써 보자. 그런 다음 15에 9를 더해서 빈칸에 써 보는 거야. 이런 방법으로 계속해서 계산해 나가면 되겠지?

60~61쪽

▶ 화살표의 왼쪽에 있는 멜론의 개수가 모두 몇 개인지 세어 보자. 이번에는 화살표의 오른쪽에 있는 사과의 개수가 모두 몇 개인지 세어 볼까? 이 둘을 합하면 모두 몇 개인지 세어 보고 덧셈식으로 나타낸 것을 찾아보자.

엄마가 수수께끼를 내 볼게. 12에 어떤 수를 더해야 21이 될까? 잘 생각나지 않으면 동그라미를 그려서 알아봐도 돼. 12보다 1 더 많으면 13, 2 더 많으면 14. 이렇게 계속 동그라미를 그려 가면서 12가 21이 되려면 몇이 필요한지 알아보면 돼.

체크 포인트

❶ 학습이 끝난 후에 아이에게 힘들었던 부분이나 어려웠던 부분이 있었는지 확인해 주세요. 힘들거나 어려웠던 부분을 다시 차근차근 복습하는 시간을 갖도록 합니다.

❷ 아이가 점점 암산을 통해 답을 구할 수 있도록 유도해 주세요. 정확한 답을 구하는 것도 중요하지만 빠른 시간 내에 답을 구하는 것도 중요하답니다.

정답 및 지도서 C4

3주 더하기 1~10의 종합

지도 방법

1. 더하기 1~10의 종합을 학습하기 전에 지금까지 배웠던 학습이 제대로 되어 있는지 확인하는 시간을 가집니다.

2. 아이가 수 가르기와 수 모으기를 이용하여 10, 20, 30을 만들어 보는 것에 익숙해지도록 충분한 연습을 시켜 주세요.

3. 아이가 점차 문제를 정확하고 신속하게 풀 수 있도록 더하기 문제를 반복하여 연습할 수 있도록 지도해 주세요.

4. 아이가 스스로 학습할 수 있도록 인내심을 가지고 기다려 주시고, 어려워하는 부분에서는 작은 힌트를 주셔서 아이가 '아하!' 하고 깨달을 수 있도록 도와 주세요.

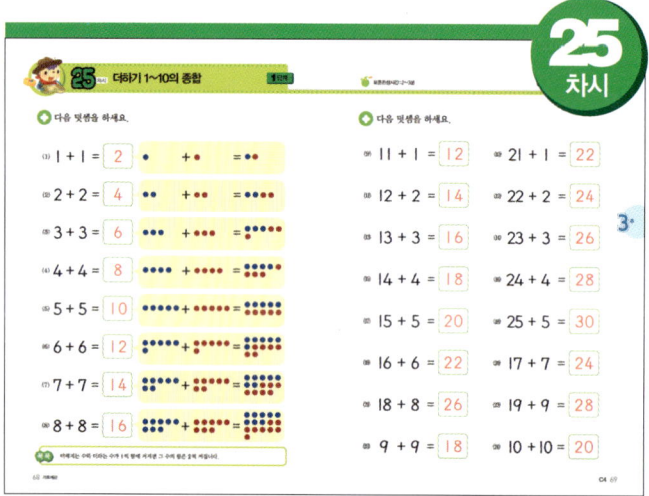

25 차시

68~69쪽

더해지는 수와 더하는 수가 함께 1씩 커지면 그 합은 2씩 커진단다.

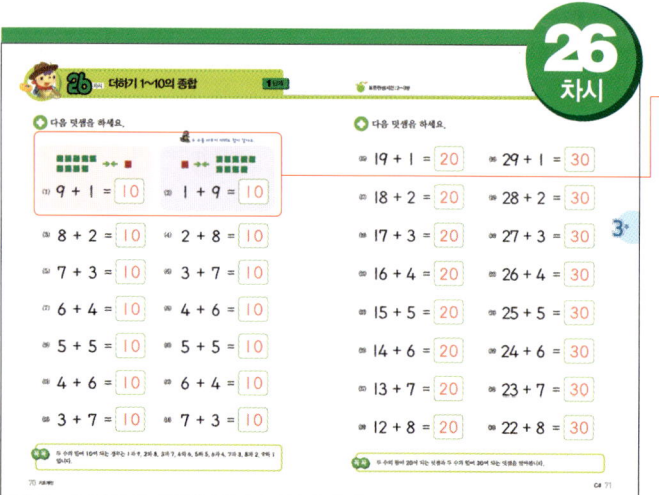

26 차시

70~71쪽

블록 9개와 블록 1개를 모으면 10개가 돼. 그럼 블록 1개와 블록 9개를 모아도 마찬가지로 10개가 되는구나. 더하기를 할 때는 더해지는 수와 더하는 수를 바꾸어 더해도 같은 답이 나온단다.

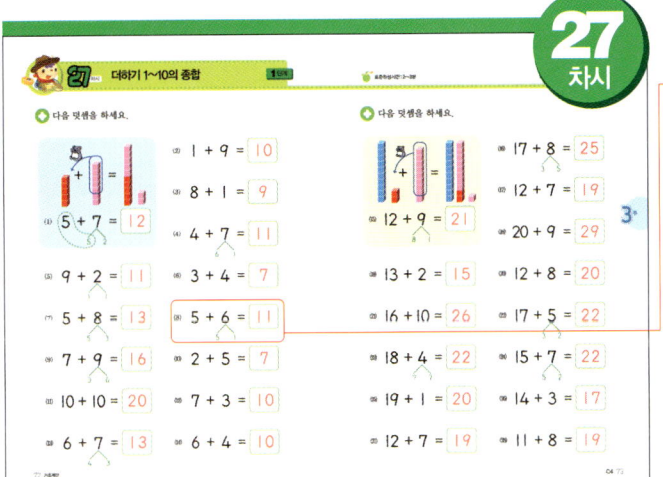

5+6을 풀어 볼까? 5나 6을 두 수로 가르면 돼. 이번에는 6을 갈라서 풀어 볼게.

$5+6=11$

❶ $5+5=10$

❷ $10+1=11$

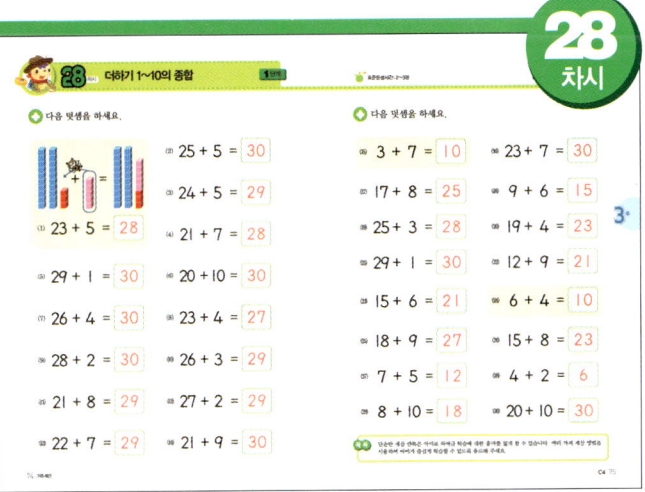

• 숫자가 점점 커져도 열심히 연습하다 보면 쉽게 풀 수 있게 된단다. 우리 ○○도 잘할 수 있겠지?

• 가르기를 계속 연습하는 것도 덧셈을 빨리 하는 데 도움이 된단다.

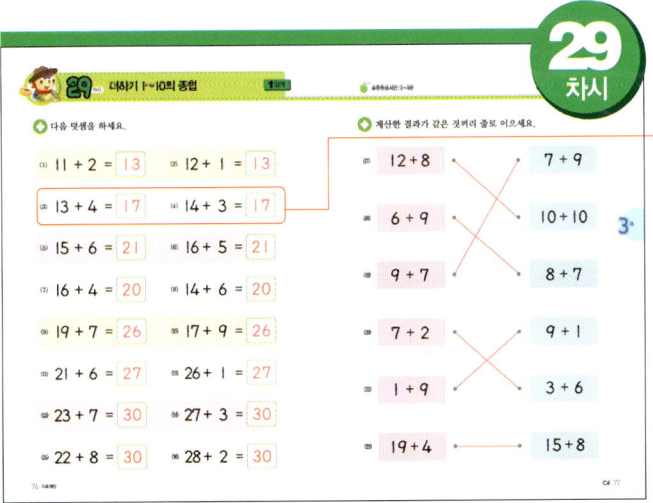

13+4를 계산해 볼까? 어떤 수가 나왔니? 이번엔 14 더하기 3을 계산해 보자. 어떤 수가 나왔니? 그래. 같은 수가 나왔구나?

$13+4=17$

$14+3=17$

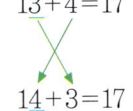

정답 및 지도서 C4

30 차시

78~79쪽

- 세로셈이구나? 세로셈을 할 때에는 자리를 잘 맞추어서 계산해야 한단다.
- 6+6을 계산해 볼까?

$6+6=12$ ① $6+4=10$

 ② $10+2=12$

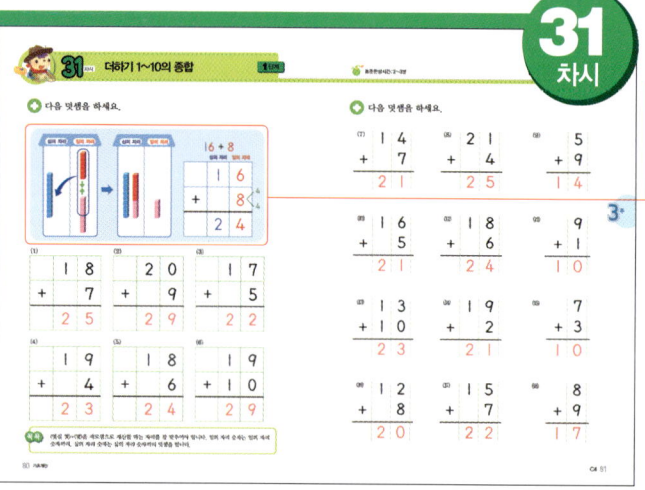

31 차시

80~81쪽

16+8을 계산해 볼까? 일의 자리에 있는 수막대 6개와 8개를 더하면 10개짜리 묶음이 1개, 낱개 4개가 돼. 이 중 10개짜리 묶음이 십의 자리로 가. 따라서 10개짜리 묶음이 2개니까 20이고 낱개가 4개니까 $20+4=24$야.

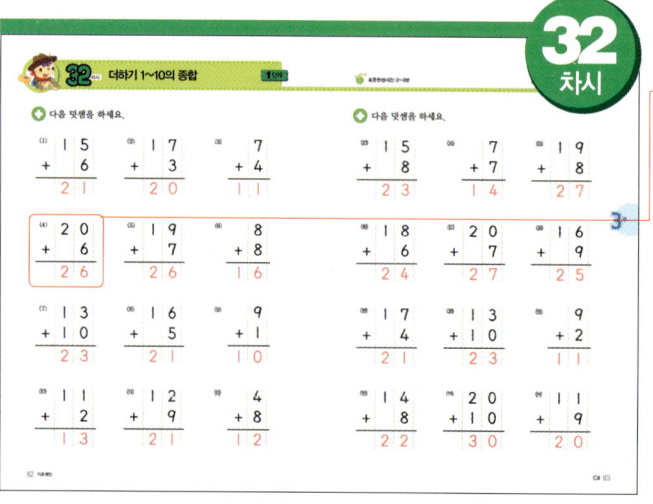

32 차시

82~83쪽

20+6을 계산해 볼까? 일의 자리 숫자끼리 계산하면 $0+6=6$. 6의 왼쪽에 십의 자리 숫자 2를 쓰면 26이 돼.

84~85쪽

▶ 세로의 수에 모두 6을 더하는 거야. 6을 더한다는 것은 6만큼 더 커진다는 뜻이야. 자, 그럼 어떤 수가 나올지 알 수 있겠지?

86~87쪽

- 26+1을 계산해 볼까?
- 일의 자리 숫자끼리 더하면 6+1=7. 여기에 십의 자리 숫자 2를 왼쪽에 쓰면 돼.
- 27과 28에도 1을 더해 보렴.

88~89쪽

- 3개의 숫자를 가지고 덧셈식을 만들 때에는 가장 큰 수가 더해서 나오는 수가 돼야 해.
- 덧셈에서는 더하는 두 수를 바꾸어 더해도 답은 같아. 그러니까 3+5나 5+3이나 답은 모두 8이야.

정답 및 지도서 C4

90~91쪽

- 19+3은 몇이지? ○를 그려 알아볼래? 19는 ○가 19개, 여기에 1개 더 그리면 20개, 2개 그리면 21개, 3개 그리면 22개.
- 맞아. ○를 3개 그리면 22가 돼.

체크 포인트

❶ 학습이 끝난 후에는 간단한 구두 테스트를 통해서 그날의 학습이 충분히 잘 되었는지 확인하도록 합니다. 부족한 부분은 다시 한번 풀어 볼 수 있도록 해 주세요.

❷ 아이가 좀더 쉽게 답을 구하는 방법을 스스로 깨달을 수 있도록 중요한 부분은 꼭 다시 한번 짚어 주세요.

정답 및 지도서  C4

지도 방법

① 빼기 7에 대한 개념을 이해하고, 여러 가지 문제를 통해 (1~20)-7을 중점적으로 익힙니다.

② 빼기 7의 개념을 학습하기 전에 빼기 6의 학습을 잘 이해하고 있는지 확인해 보세요. 아이가 어려워하는 부분이 있다면 그 부분에 대해 반드시 이해하고 다음 단계를 학습할 수 있도록 지도해 주세요.

③ 7을 두 수로 가른 다음 뺄셈을 할 수 있도록 지도해 주세요.

④ 두 수를 가를 때 빼어지는 수나 빼는 수 중 아이가 쉽게 가를 수 있는 방법을 선택할 수 있도록 여러 가지 방법으로 풀어 보게 해 주세요. 한 가지 방법을 강요하지 마시고 아이가 선택할 수 있게 해 주세요.

37 차시

96~97쪽

- 초록색 블록과 노란색 블록의 수를 세면서 알아보자.
- 10을 7과 몇으로 가를 수 있을까?
- 10에서 7을 빼면 몇이 남지?

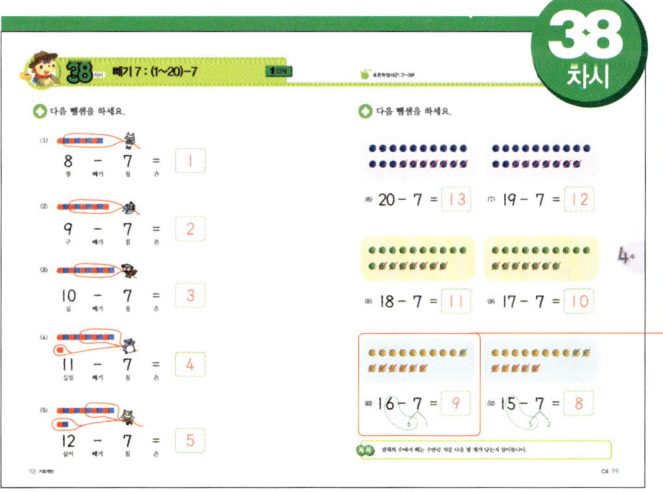

38 차시

98~99쪽

- 구슬 16개 중에서 몇 개가 선으로 그어져 있지?
- 구슬은 몇 개가 남았니?
- 뺄셈식으로 나타내면 16-7이지?
- 남은 구슬의 개수가 답이 된단다.

39 차시

100~101쪽

14−7을 계산해 볼까? 4에서 7을 뺄 수 있니? 뺄 수 없지? 그러면 7을 두 수로 갈라 계산을 해 보자.

$$14-7=7$$
4 3

❶ $14-4=10$
❷ $10-3=7$

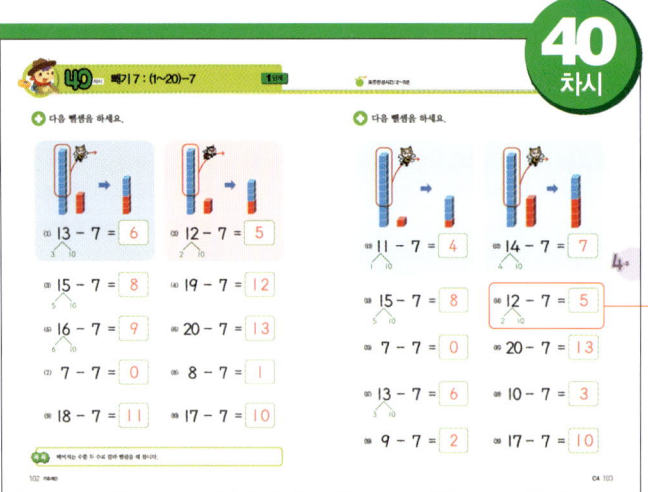

40 차시

102~103쪽

• 12−7을 계산해 볼까?
• 빼어지는 수 12를 2와 10으로 갈라 10에서 7을 빼면 3, 여기에 2를 더하면 5가 돼.

$$12-7=5$$
2 10

❶ $10-7=3$
❷ $3+2=5$

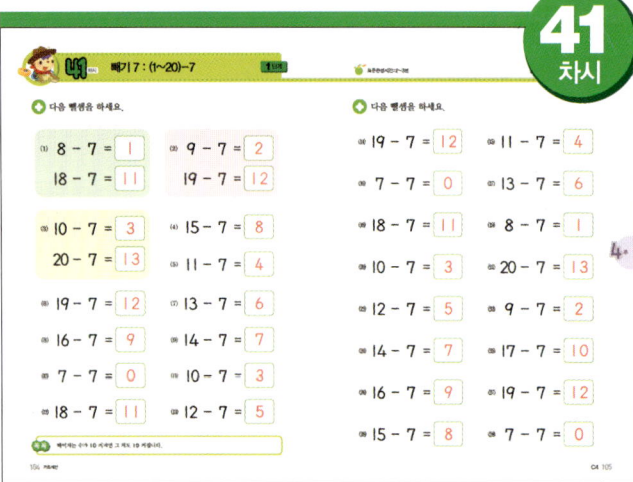

41 차시

104~105쪽

• 빼어지는 수의 일의 자리 숫자가 7 이상이면 빼는 수 7을 가르지 않고 쉽게 뺄 수 있어.
• 빼어지는 수의 일의 자리 숫자가 7보다 작으면 빼는 수 7을 갈라서 계산하는 것이 편리해.

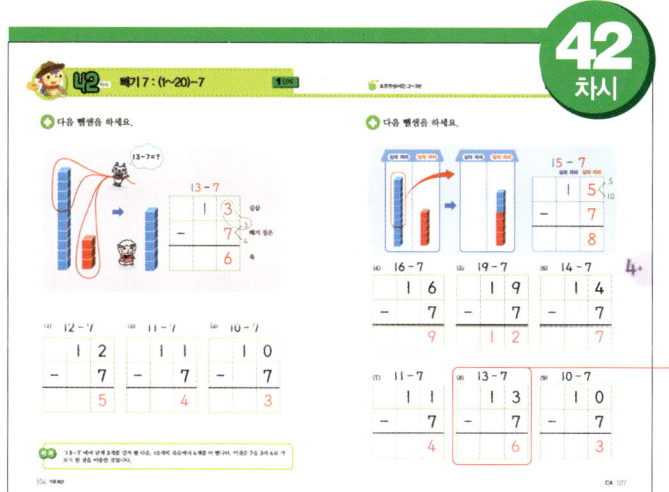

106~107쪽

- 13-7을 계산해 볼까?
- 7을 두 수로 갈라서 계산해 보자.

$$13-7=6$$
     3   4

❶ $13-3=10$
❷ $10-4=6$

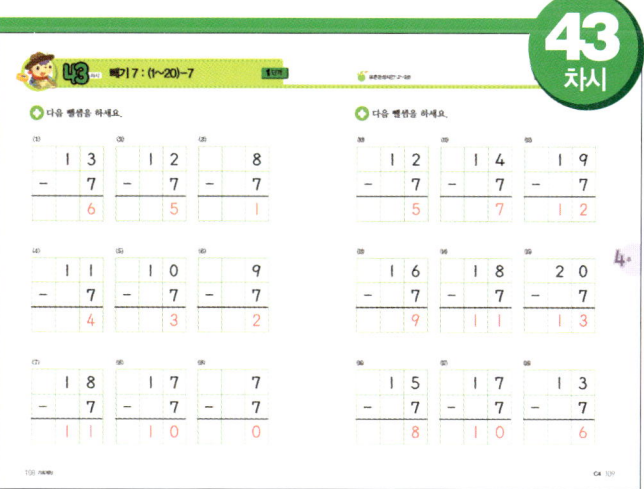

108~109쪽

- 세로셈으로 풀어 보고 잘 풀리지 않으면 가로셈으로도 천천히 다시 한번 풀어 볼래?
- 어려운 문제는 ○를 그려서 풀어 보렴.

110~111쪽

- 세로셈으로 뺄셈을 할 때에는 자리를 잘 맞춰서 계산해야 해.
- 15-7을 계산해 볼래?

$$15-7=8$$
  5   10

❶ $10-7=3$
❷ $3+5=8$

정답 및 지도서 C4

45차시

112~113쪽

- 세로의 수에서 7을 빼서 답을 적으면 되는 문제지?
- 7-7은 몇이지? 어떤 수에서 어떤 수 자신을 빼면 0이 된단다.

46차시

114~115쪽

- 엄마가 부르는 수에서 7을 빼 빈칸에 적어 볼래?
- 11, 12, 14, 13, 8, 15
- 틀린 문제는 엄마랑 다시 한번 풀어 보도록 하자. 엄마가 푸는 과정 중 어디서 틀렸는지 정확히 가르쳐 줄게.

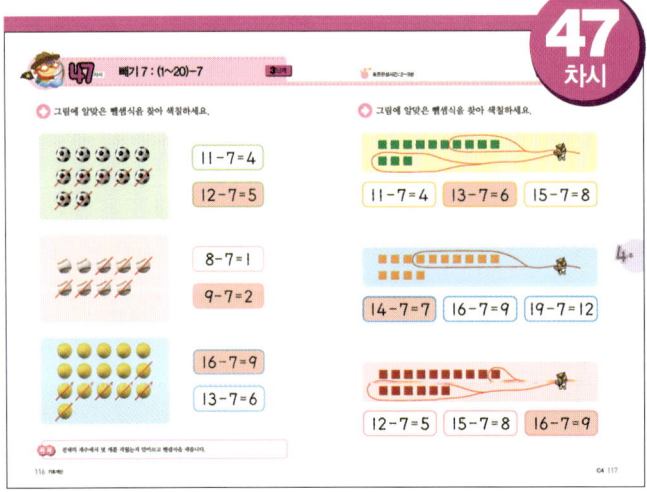

47차시

116~117쪽

- /으로 지운 개수는 빼는 수가 돼.
- /으로 몇 개를 지웠니?
- /으로 지우지 않고 남아 있는 개수는 뺄셈의 답이 돼. 몇 개가 있니?

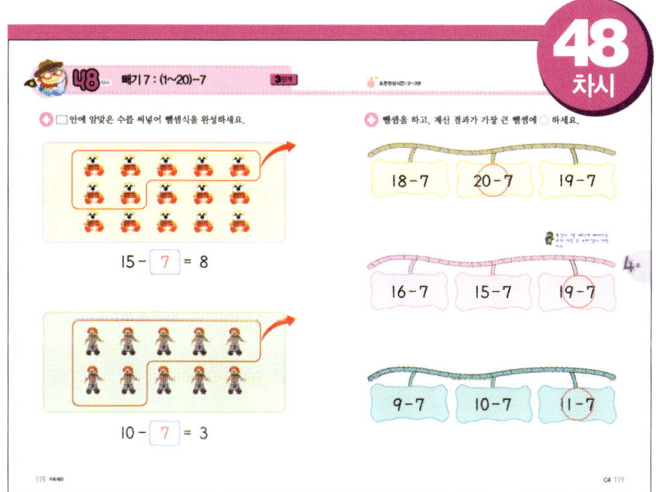

118~119쪽

- 전체의 개수 중 몇 개를 뺐는지 알아보자.
- □ 안에 들어갈 수가 화살표로 묶어 빼는 개수가 된다는 것 잊지마.

체크 포인트

❶ 실제 생활에서도 빼기에 익숙해질 수 있도록 생활 속에서 뺄셈을 응용해 보세요. 가령 아이에게 과자를 줄 때에도 과자를 접시 위에 담아 주어 몇 개인지 확인한 다음, 과자를 먹고 나서는 몇 개가 남았는지 말해 보게 하세요.

❷ 아이가 학습에 대한 자신감을 가질 수 있도록 엄마가 아이의 수준을 확인하여, 아이에게 너무 어려운 문제를 내지 말고 먼저 자신감을 키워 줄 수 있게 아이 수준에 맞는 문제를 내 주세요.

❸ 빼기에 대한 학습이 어느 정도 이루어지면 엄마가 구두 테스트를 하여 아이의 암산 능력을 키워 주세요.

120~122쪽

- 덧셈과 뺄셈은 수를 갈라서 계산하면 쉽게 풀 수 있어.
- 세로셈을 풀 때에는 자릿수를 잘 맞춰 계산해야 한다는 것 잊어서는 안 돼.

종합 평가 ㉠

다음 계산을 하세요.

① $12 + 9 = 21$

② $20 - 7 = 13$

③ $15 + 6 = 21$

④ $16 + 5 = 21$

⑤ $8 - 7 = 1$

⑥ $13 + 2 = 15$

⑦ $3 + 9 = 12$

⑧ $16 + 4 = 20$

⑨ $9 + 8 = 17$

⑩ $17 + 4 = 21$

⑪ $11 - 7 = 4$

⑫ $7 + 10 = 17$

⑬ $18 + 3 = 21$

⑭ $17 - 7 = 10$

⑮ $22 + 8 = 30$

⑯ $14 - 7 = 7$

⑰ $17 + 3 = 20$

⑱ $20 + 9 = 29$

⑲ $18 + 4 = 22$

⑳ $6 + 5 = 11$

㉑ $12 + 8 = 20$

㉒ $7 - 7 = 0$

㉓ $13 + 5 = 18$

㉔ $20 + 10 = 30$

㉕ $15 + 9 = 24$

㉖ $19 + 7 = 26$

㉗ $12 + 5 = 17$

㉘ $8 + 8 = 16$

㉙ $9 - 7 = 2$

㉚ $9 + 9 = 18$

㉛ $15 + 10 = 25$

㉜ $7 + 4 = 11$

㉝ $16 - 7 = 9$

㉞ $18 + 7 = 25$

종합 평가 ㉡

① $\begin{array}{r} 14 \\ -\ 7 \\ \hline 7 \end{array}$	② $\begin{array}{r} 11 \\ +\ 9 \\ \hline 20 \end{array}$	③ $\begin{array}{r} 17 \\ +\ 4 \\ \hline 21 \end{array}$
④ $\begin{array}{r} 19 \\ +\ 4 \\ \hline 23 \end{array}$	⑤ $\begin{array}{r} 10 \\ +\ 8 \\ \hline 18 \end{array}$	⑥ $\begin{array}{r} 12 \\ -\ 7 \\ \hline 5 \end{array}$
⑦ $\begin{array}{r} 18 \\ +\ 6 \\ \hline 24 \end{array}$	⑧ $\begin{array}{r} 19 \\ +\ 2 \\ \hline 21 \end{array}$	⑨ $\begin{array}{r} 15 \\ -\ 7 \\ \hline 8 \end{array}$
⑩ $\begin{array}{r} 22 \\ +\ 8 \\ \hline 30 \end{array}$	⑪ $\begin{array}{r} 13 \\ -\ 7 \\ \hline 6 \end{array}$	⑫ $\begin{array}{r} 14 \\ +\ 5 \\ \hline 19 \end{array}$